현대신서

KB164988

랑그

루이 옐름슬레우

김용숙 · 김혜련 옮김

東 文 選

랑가쥬 이론 서설

Louis Hjelmslev
Prolégomènes à une théorie du langage

머리말

《랑가쥬 이론 서설》은 1943년 코펜하겐대학의 *Les Annales*에 *Omkring sprogteoriens grundlæggelse*라는 덴마크어 제목으로 출판되었다. (1943년 Editions Ejnar Munksgaard에서 이를 발췌·출간하였고, 1966년 Akademisk Forlag에서 재인쇄되었다.)

영역판은 1953년 Francis J. Whitfield에 의해서 *Prolegomena to a Theory of Language*라는 제목으로 출간되었다. (*International Journal of American Linguistics, Memoir* 7, Indiana University Publications in Anthropology and Linguistics.)

1961년의 재판에서는(The University of Wisconsin Press, Madison, 1969년에 재인쇄) 저자와 역자가 모두 머리말에서 밝혔듯이 여러 부분에 작은 수정을 하였다.

미뉘출판사는 1968년에 프랑스어 번역판을 출간하였다. (미간행 원고 《랑가쥬의 기본 구조》를 증보하였다.)

이 프랑스어 번역판은 여러 면에서 만족치 않았기 때문에 새로운 번역이 필요하다는 것을 느끼게 되었다. 이번에 출간된 원고는 루이 옐름슬레우의 덴마크인 제자이자 코펜하겐대학 언어학연구소의 현소장인 Una Canger 교수가 프랑스인 Annick Wewer의 협조를 받아 덴마크어 원본에 의거하여 작성한 것이다. 이 번역본에는 저자가 확인한 바 있는 영어로 된 재판본의 수정 사항과 변동 사항이 색인과 함께 반영되었다.

Vibeke Hjelmslev, Knud Togeby

차 례

머리말 ——————————— 5

1. 언어 연구와 랑가쥬 이론 ——————— 9

2. 랑가쥬 이론과 인문주의 —————— 15

3. 랑가쥬 이론과 경험주의 —————— 19

4. 랑가쥬 이론과 귀납법 ——————— 20

5. 랑가쥬 이론과 현실 ———————— 23

6. 랑가쥬 이론의 목적 ———————— 26

7. 랑가쥬 이론의 목표들 ——————— 31

8. 정의의 체계 ——————————— 33

9. 분석의 원칙 ——————————— 35

10. 분석 형태 ———————————— 43

11. 기 능 ————————————— 49

12. 기호와 형상소 ————————— 58

13. 표현과 내용 —————————— 65

14. 불변체와 변이체 ———————— 80

15. 언어 도식과 언어 사용 —————— 96

16. 언어 도식 내의 변이체들 ————— 102

17. 기능과 합 ——————————— 106

18. 융 합 ————————————— 110

19. 촉 매 ————————————— 117

20. 분석의 규격들 ————————— 120

21. 랑가쥬와 비랑가쥬 —————————————— 126

22. 내포적 기호론과 메타 기호론 —————————— 139

23. 궁극적 목표 —————————————————— 152

　　각 주 ———————————————————— 155

　　정 의 ———————————————————— 162

　　색 인 ———————————————————— 169

　　저자 약력 —————————————————— 171

1

언어 연구와 랑가쥬 이론

랑가쥬——인간의 파롤——는 무궁무진한 가치를 지닌 보고 (寶庫)이다. 랑가쥬는 인간과 떨어질 수 없고, 인간이 활동할 때 항상 인간과 공존한다. 랑가쥬라는 도구를 통하여 인간은 사고 와 감정·감동·노력·의지·행위를 엮어 나간다. 이 도구로 인 간은 인간 사회의 궁극적이면서 가장 심오한 저변 영향을 주고 받는다. 그러나 인간이 자신의 존재와 싸울 때, 시인이 독백하고 사상가가 명상을 하면서 갈등이 해소되는 홀로 있는 시간 동안, 랑가쥬는 인간의 최후 수단이며 은신처가 된다. 우리 의식이 깨 어나기 전에 불완전한 사고의 싹을 감싸며, 가장 평범한 일에서 부터 힘과 열기를 가져오는 일상의 생활이 랑가쥬를 통하여 구 현된 기억의 도움으로 가장 내면적이고 가장 승화되는 순간에 이르기까지, 우리 삶이 지속되는 동안 우리를 끈질기게 뒤쫓아 오면서 낱말들은 우리 주변을 떠돌고 있다. 랑가쥬는 단순히 인 간과 함께 있는 것이 아니라 사고이며 하나의 흐름이다. 그러므 로 개개인에게 랑가쥬는 대대로 이어지고 전해지는 기억의 보 고이자 용의 주도한 의식이다. 좋건 나쁘건 파롤은 인격·고향· 국가를 드러내며, 인간의 존엄성을 보여 준다. 랑가쥬의 발전은 각 개인의 인격·고향·국가·인간성·삶 자체의 발전과 뒤엉 켜 있기 때문에, 랑가쥬가 단지 하나의 반영인지, 아니면 반영만 이 아닌 위에서 언급한 것들의 근원 그 자체인지 생각해 볼 수 있다.

그 때문에 랑가쥬는 시와 과학에서 경탄과 기술(記述)의 대상이 됨으로써 인간을 사로잡았다. 과학적으로 연구함에 따라 랑가쥬에서 물리적·생리적으로 정확하게 묘사될 수 있는 표현적 움직임과 음의 연쇄를 볼 수 있었고, 그 구성은 의식에서 일어나는 현상들을 표현하는 기호들을 형성한다. 심리적·논리적 해석을 함으로써 우리는 심리의 유동성과 사고의 일관성을 이 기호들 안에서 파악하려고 노력하였다. 심리의 유동성은 랑그의 변화무쌍한 활동과 진화에서, 그리고 사고의 일관성은 그 기호들 자체에서 나타난다. 예를 들어 그 기호들 중에서 우리는 단어와 구문, 즉 개념[1]의 구체적인 이미지와 판단[2]의 구체적인 이미지를 구별하였다. 기호 체계로서의 랑가쥬는 개념의 체계와 인간의 심리적 측면을 들여다보게 하였다. 개인을 넘어선 사회 제도로서의 랑가쥬는 국가의 특징을 나타내고, 움직이고 발전함에 따라 지나 버린 세대의 인간성과 아득하게 먼 변천들을 알게 하였다. 따라서 랑가쥬는 수많은 방향으로 여러 관점을 보여 줄 핵심적인 역할을 하였다.

그래서 랑가쥬가 과학의 대상일지라도, 그것은 과학의 목적이 아니라 수단이 되었다. 지식의 수단으로서 랑가쥬가 과학에 도달하기 위한 유일한 통로라 할지라도 그 주된 대상은 랑가쥬 외부에 있기 때문에, 랑가쥬와는 무관한 현상들로부터 영향을 받는다. 따라서 그것은 내재하는 지식의 목적이 아니라 선험적 지식——어원적인 순수한 의미로——의 수단이다. 그리하여 랑가쥬의 음에 관한 물리적이고 생리적인 기술(記述)은 순수 물리학과 생리학으로 다시 빠질 위험이 있고, 기호——다시 말해 단어와 구문——의 심리적이고 논리적인 기술은 쉽게 순수 심리학·논리학·존재론으로 환원되어 언어적인 출발점을 놓쳐 버린다. 역사를 통하여 그것을 알 수 있다. 역사적으로 확인되지 않더라도 물리적·생리적·심리적, 그리고 논리적 현상들 그 자체는 랑가쥬를 구성하지는 않으나, 연구 대상으로 선택되어 외부적이고 파편적인 양상들을 구성한다. 그 이유는 위의 현상들이 랑가쥬와 관련되기 때문이 아니라 랑가쥬를 통하여 접근할 수 있는 여러 영역을 제공하기 때문이다. 언어 연구가 인간 사회를 이해하고 인종과 국가간의 역사 이전의 관계들을 재구축하는 것을 목적으로 삼을 때, 그와 같은 여러 기술(記述)을 토대로 또 한 번 언어적 출발점을 놓쳐 버린다.

이 모든 것은 여러 관점들과 여러 연구들의 가치를 축소시키기 위한 것이 아니라, 위험을 막기 위한 것이다. 그 위험이란 연구의 목적을 향하여 지나치게 서두르고, 랑가쥬가 (연구 목적에 도달하기 위한 수단임에도) 랑가쥬 자체를 소홀히 하는 것이다. 그 위험은 실제로 랑가쥬가 스스로 무시되고자 한다는 사실에도 있다. 랑가쥬가 목적이 아닌 수단이기 때문에, 오직 인위적인 방법으로만 지식의 수단 자체로 연구되어질 수 있다. 일반적으로 그것은 랑가쥬가 의식의 경계를 넘어가지 않는 일상 생활에서 납득할 만하다. 그런데 연구에서도 마찬가지이다. 우리는 랑그와 랑그로 된 텍스트 연구에서 문학적이고 역사적인 지식을 알 수 있는 수단이 되는 문헌학(philologie) '19세기 역사주의 언어 연구' 이외에도 이러한 연구의 목적이 되는 언어학이 있다는 것을 오래 전부터 알고 있었다. 그러나 그것을 계획하고 실현하기까지의 과정은 길었다. 랑가쥬를 연구하는 학자는 또 한 번 실망할 수밖에 없었다. 왜냐하면 전통 언어학의 주된 대상이 되었던 역사와 언어의 기원에 대하여 비교를 했지만, 랑가쥬 성격을 아는 것이 그 목적과 성과는 아니었기 때문이다. 랑가쥬는 사회에 대한 연구와 역사 이전과 이후에 있었던 인종간의 접촉을 연구하는 방법일 뿐이었다. 그러한 점에서 랑가쥬 연구는 문헌학일 뿐이었다. 우리는 여러 언어들을 비교하는 내적 기술(技術)을 문제삼을 때, 언어 자체를 연구한다고 생각할 것이다. 그런데 그것은 잘못된 생각이다. 내적 기술은 언어 자체가 아니라 **내부 구성 요소(disiecta membra)**이고, 이것은 언어인 총체를 포착하는 데에 도움을 주지 않는다. 또한 그러한 방법은 언어의 물리적이고 생리적인, 심리적이고 논리적인, 사회학적이고 역사적인 기여를 하였지만 랑그 그 자체를 다루지는 않았다.

언어학을 정립하기 위하여 다른 방법을 택해야 할 것이다. 언어학은 단순한 보조 학문도 파생 학문도 아니다. 언어학은 랑가쥬를 비언어학적인 현상들의 복합체(물리적·생리적·심리적·논리적·사회학적)가 아닌 그 자체로 충분한 모든 것, 즉 **자생적(sui generis)** 구조처럼 다루어져야 할 것이다. 오직 그 자체를 다루는 방법으로 랑가쥬는 과학적으로 다루어질 수 있으며, 관찰을 통하여 그 실체가 밝혀질 것이다.

이러한 방법의 중요성은 다양한 선험적 관점, 문헌학과 이른바 전통 언어학에 영향을 미치면서 평가될 것이다. 이 새로운 언어학의 몇 가지 성과는 문헌학이 가지는 어려움, 즉 개념들의 생산에서 개별성을 없앰으로써 언어들의 비교에 일치된 기준을 세울 수 있었다는 것이다. 그리고 이 하나의 기준으로 합리적인 발생론적 언어학이 가능해질 것이다. 우리는 랑가쥬의 구조와 인간 존재의 구조를 동일시한다. 또는 여기서(발생론적 언어학) 단기적으로 약간 변형된 성과를 얻었다 할지라도, 언어학이 일반 인식론에 기여함에 따라 그 중요성이 명백하게 드러날 것이다.

이러한 언어학을 위한 예비 작업은 전제를 발견하고 형성하며, 방법을 알려 주고 방식을 정하면서 랑가쥬의 이론을 세우는 것이다.

본 연구는 이러한 이론의 서설을 제시하는 데에 있다.

다양하고 기본적으로 선험적인 목적을 가지는 랑가쥬 연구는 여러 학문에서 다루어지고 있다. 반대로 순수하게 내재적인 랑가쥬 이론은 거의 연구되지 않았다. 이 점에 관하여 랑가쥬 이론과 랑가쥬 철학을 혼동하여서는 안 된다. 다른 학문 분야처럼 그 역사를 살펴보면, 랑가쥬 연구에서도 연구 방법을 증명하려는 여러 철학적인 시도가 있었다. 최근 몇 년 동안 여러 학문의 기본 이론에 대한 철학적 관심은, 몇몇 선험적 언어학파들이 연구의 기초가 되는 논리적 공리 체계를 발견하였다고 믿는 식이었다.[3] 여하튼 랑가쥬 철학의 순수 이론이 공리 체계처럼 정확하기는 드물고, 대규모의 체계적인 방법으로 언어학과 인식론에 관하여 충분한 지식을 가진 학자가 그 이론을 사용한 것도 지극히 드문 일이다. 이러한 순수 이론들은 대부분 주관적이기 때문에, 과도기적 유행의 경우를 제외하고는 그 중 어떤 이론도 많은 지지를 받지 못했다. 랑가쥬 이론에 연속성이 결여되어 있기 때문에 랑가쥬 이론의 발달 자취를 더듬고, 그 역사를 기술하는 것은 불가능한 일이다. 이러한 이유로 랑가쥬 이론을 세우려는 모든 노력은 좋은 평판을 받지 못했고, 헛된 철학과 선험주의로 물든 취미로 하는 학문으로 간주되었다. 한편 취미로 하는 학문과 선험주의가 판을 침으로써 랑가쥬 이론에서 참과 거짓을 구별하는 것이 때로는 어렵기 때문에 이러한 비난은 타당한 것처럼 보인다. 본 저서는 랑가쥬 이론을 정립하려는 시도에서 이러한 특성들이 반드시 필요하지는 않다는 것을 분명히 밝히고자 한다. 어느 정도 지금까지의 연구를 제쳐두고, 사용될 수 있는 어떤 실증적인 것도 제공하지 못한 모든 분야에서 백지 상태로 돌린다면 랑가쥬 이론의 정립은 보다 더 용이할 것이다. 상당 부분에서 우리는 랑가쥬 이론의 기반을 구성할 그 이전의 언어 연구에 의하여 수집된 자료, 즉 재해석된 자료를 근거로 삼을 것이다. 우리는 몇 가지 사항에 대하여 분명히 과거에 의존하고, 그 사항에서 긍정적인 결과가 우리 이전의 다른 사람들에 의하여 이루어졌다는 것을 알고 있다. 논쟁의 여지없는 선구자로서 유일한 이론가는 바로 스위스 출신의 페르디낭 드 소쉬르이다.[4]

여기서 제시된 랑가쥬 이론의 준비 작업으로 중요한 연구는 코펜하겐 언어학회의 몇몇 회원들, 특히 1934년과 1939년 사이에 H. J. 울달과 협력하여 이루어졌다. 코펜하겐의 철학학회와 심리학학회에서의 논쟁과, 요르겐 요르겐센과 에드가 트라네캐르 라스뮈센의 관점의 폭넓은 교류는 우리 이론의 발전에 매우 중요한 역할을 하였다. 그렇다 해도 필자가 본 연구의 유일한 책임자임을 밝힌다.

2

랑가쥬 이론과 인문주의

　형식적인 전제 체계로 랑가쥬의 특유 구조를 설명하고자 하는 이론은 파롤의 유동성과 변화를 고려하면서, 유동성과 변화에 우월한 역할을 부여하지 않아야 하고 언어 외적 '현실' 속에 정착되지 않는 어떤 **불변성**을 찾아야 한다. 불변성은 어떤 랑그든지 랑가쥬이며, 주어진 랑그가 다양하게 표출됨에도 불구하고 동일하게 유지되도록 한다. 일단 발견되고 기술되면 불변성은 어떤 성격(물리적·생리적·심리적·논리적·존재론적)을 지녔든 주위의 '현실'에서 사용되고, 그래서 이 '현실'은 더 이상 복합체가 아니라 하나의 조직된 총체로서 랑가쥬인 지시 관계의 중심 주위에 놓이게 되며, 이 조직된 총체의 언어 구조는 지배적인 원칙을 형성한다.

　이러한 집중적이고 통합적인 불변성 연구는, 다양한 형태로 오늘날까지 언어 연구에서 지배적이었던 인문주의 전통과 불가피하게 충돌할 것이다. 극단적으로 이 전통은 불변성의 존재와 그 연구의 적합성을 선험적으로 배척한다. 이 전통에 따르면 자연 현상과는 반대로 인간 고유의 현상들은 특이하고 개별적이며, 그래서 자연 현상처럼 정확한 방법을 따를 수도 없고, 일반화될 수도 없을 것이다. 그러므로 매우 다른 방법을 인문학 영역에 적용하여야 했다. 우리는 과학보다는 시론(詩論)에 접근하여 기술할 수 있을 뿐이며, 체계적으로 현상들을 해석하지 않고 이야기로 제시하는 것으로 그칠 수밖에 없을 것이다. 이러한 이론은 역사 분야에서 학설로 자처하고 전통적인 모습으로 역사의 기반이 되는 것 같다. 게다가 문학이나 예술 같은 인문주의 분야들은 통시적으로 기술되었으며, 대부분의 경우 체계적인 분석에서 벗어나 있었다. 몇몇 분야에서 우리는 체계화 시도의 경향을 찾아볼 수 있다. 그러나 대체로 인문과학과 역사에서 과학적 방법의 정당성과 가능성을 찾아보기에는 아직도 요원한 것처럼 보인다.

어쨌든 한 **체계**는 제한된 수의 전제를 사용하여 **과정**을 분석하고 기술하며, 이 **체계**가 전(全)**과정**에 대응한다는 가설을 선험적으로 제시하는 것이 적합한 듯하다. 전과정은 새로운 결합에서 끊임없이 다시 나타나는 제한된 수의 요소들로 구성되어야 할 것이다. 각 부류는 결합이 가능하다는 동질성으로 정의되었으므로 우리는 과정의 분석에서 이 요소들을 재편성할 수 있어야 하며, 가능한 결합을 철저히 예측할 수 있도록 분류가 미리 이루어져야 한다. 그리하여 역사는 단순한 기술이라는 초보적 단계를 넘어설 것이고, 체계적이고 정확하고 일반화되는 학문이 될 것이다. 그 이론을 통하여 일어날 수 있는 모든 현상들과(다시 말해 요소들의 가능한 모든 결합) 그 현상들의 실행 조건들을 예측할 수 있을 것이다.

오랫동안 인문주의는 이러한 이론을 연구 가설로 삼지 않았으며, 인문주의의 역할들 가운데 가장 중요한 것, 즉 과학적인 대상으로 삼지 않았다는 것은 논쟁의 여지가 없는 것 같다. 인간 고유의 현상들을 기술할 때, 우리는 시론(時論)과 과학 사이에서 선택해야 한다는 것을 알아야 한다. 다시 말해 한편에는 오로지 시론적으로만 다루고, 다른 한편에는 기술(記述)상 연결된 두 형태로 파악함으로써 시론적인 태도와 과학적인 태도 사이에서 선택해야 한다. 또한 이 점에서 어떤 태도를 선택하느냐에 따라 과정의 기초를 이루는 체계가 있다는 이론이 검증될 것이다.

랑가쥬는 선험적으로 이러한 이론 검증에 긍정적인 결과를 줄 수 있을 것이다. 언어적 사건들에 관하여 오로지 논증적으로 기술(記述)하는 것은 큰 관심을 불러일으키지 못한다. 또한 랑가쥬 연구에서 항상 강요된 체계적인 관점이 논증적 기술에 추가되었다. 사실 텍스트에서 실현되는 것과 같은 식의 과정을 통하여, 우리는 음운 체계와 의미 체계·문법 체계를 연구한다. 그러나 지금까지 선험적인 몇 가지 목적을 정하고 체계적인 언어학을 거부하는 인문주의 문헌학자들이 발전시킨 언어학은, 전제를 명시하지도 않았고 분석할 때 일관된 원칙도 연구하지 않았다. 그러므로 언어학이 단순한 일화적 기술을 한 많은 경우를 제쳐놓더라도, 언어학은 미학과 형이상학적인 특징을 지님으로써 부정확하고 주관적인 것으로 남게 되었다.

우리가 말하는 랑가쥬 이론의 목적은, 과정에 내포된 체계가 있다는 이론과 유동성의 기저를 이루는 불변성에 대한 이론을 검증하는 것이고, 이 체계를 오로지 거기에 적합한 한 대상에 적용하는 것이다. 인간의 정신 생활과 그것을 구성하는 현상들은 생명력이 없이, 분석 대상이 관찰을 통해서만 과학적 분석의 대상이 된다는 것을 상기시킴으로써, 인간에 대한 분야에서의 이러한 시도에 반대하여 우리가 내세울 수 있는 논증은 과학의 방향을 왜곡시키지 않는 선험적 추리일 뿐이다. 그러나 경험이 실패하면——실행의 세부적인 사항에서가 아니라 그 원칙에서——인문주의적 반론(反論)은 적합할 것이며, 인간적 대상들은 단지 주관적이고 미학적으로 다루어질 수 있을 것이다. 그 대신 경험이 성공한다면, 그래서 그 원칙이 적용될 수 있다고 밝혀진다면 반론의 여지는 없어질 것이며, 유사한 연구들이 다른 인문과학에서 실행될 것이다.

3

랑가쥬 이론과 경험주의

한 이론은 대상을 통하여 얻고자 하는 그 무엇도 가정해서는 안 된다. 또한 이론을 적용할 때, 목적에 충실하기 위하여 실제이든 추정되든 '경험의 여건'에 일치하는 결과에 도달해야 한다. 이것은 모든 이론이 직면하는 방법상 필요하며, 그 의미를 탐구하는 것은 인식론의 역할이다. 우리는 여기서 이 문제를 다루지는 않을 것이다. 다만 다른 원칙들보다 우선되는 원칙인 랑가쥬 이론이 랑가쥬 철학에 관한 모든 연구와는 분명히 구별되는 원칙을 수용한다는 것과, 이른바 경험론에 관하여 상술한 필요성을 다루는 것으로 만족할 것이다.

기술(記述)은 모순되지 않아야 하고, 철저해야 하며, 가능한 한 간략해야 한다. 모순되지 않아야 한다는 필요성은 철저한 기술보다 우선하며, 철저한 기술에 대한 필요성은 간략성의 필요성보다 우선한다.

우리는 이 원칙을 경험주의 원칙이라 부르고자 한다. 그러나 우리는 앞으로 이 원칙을 검토할 때 인식론의 측면에서 이것이 부적합하다고 생각된다면 사용하지 않을 것이다. 그것은 단지 용어상의 문제일 뿐이며, 원칙을 고수하는 데에는 아무런 영향도 주지 않는다.

4

랑가쥬 이론과 귀납법

　경험주의 원칙에 대한 우리의 주장을 통하여 개별성으로부터 일반성으로, 또는 제한된 대상으로부터 보다 덜 제한된 대상으로의 단계적 이행에 관한 필요성을 숙지할지라도, 반드시 귀납적 방법에 얽매이지는 않을 것이다. 우리는 인식론이 분석하고 세분화하는 용어들을 사용하고 있지만, 앞으로 용어들을 보다 정확한 의미로 사용할 기회가 있을 것이다. 여기에 우리가 인식론과 함께 해결해야 할 용어상의 문제점이 여전히 남아 있다. 그러나 우선 과거의 언어학에 대한 우리의 입장을 상세하게 밝히는 것이 필요하다. 과거의 언어학은 주로 개별 음에서 음소로 (음의 분류), 개별 음소에서 음소의 범주로, 다양한 의미에서 일반적이고 기본적인 의미로, 그리고 의미의 범주로 이어지는 개념의 위계를 구축하는 것으로 특징지어진다. 따라서 언어학에서 **귀납법**을 언급하는 것은 관례이다. 귀납법은 **부류**(classe)에서 **부문**(composantes)으로가 아니라, 부문에서 부류로의 이행으로 간략하게 정의될 수 있다. 그것은 분석하는 대신에 종합하고, 특수화하는 대신에 일반화하려는 움직임이다.

　경험을 통해 이러한 방법이 지닌 단점을 분명히 알 수 있다. 이 방법은 실체화된 여러 개념을 실제의 개념으로 반드시 추출하도록 한다. 그렇게 얻어진 개념들은 일반적인 가치를 가지지 않고, 단지 주어진 언어의 한 상태에서만 적용되기 때문에, 이 실재론(중세에서 사용한 의미에서)은 비교에 사용될 수 있는 근거가 되지 않는다. 전통적인 용어를 살펴보면, 이 실재론이 실패하였다는 것을 알 수 있다. '속격'·'완료형'·'접속법'·'수동형' 등과 같은 귀납적 문법의 분류는 충격적인 예들이다. 이 용어들 중 어떤 것도 일상의 의미에서 일반적인 정의가 될 수 없다. 속격·완료형·접속법·수동형은 두 언어에서, 예를 들어 라틴어와 그리스어에서 완전히 다른 현상들을 포함한다. 전통 언어학에서 말하는 모든 개념은 하나의 예외도 없이 모두 그러하다. 전통 언어학에서 귀납법은 유동성을 불변성으로 이끌지 않고, 유동성을 우연성에 이끌 뿐이다. 마지막으로 귀납적 방법은 우리가 서술하였던 경험주의 원칙과 충돌한다. 귀납적 방법은 모순 없는 간결한 기술을 제시할 수 없기 때문이다.

경험이 암시하는 여건에서 출발한다면, 정확히 반대의 방식이 요구된다. 여건에 대하여 말하자면(우리는 이것을 인식론적 의미에서 말하는 조건이라고 본다), 언어학자에게 있어서 이 여건들은 절대적이고 분석되지 않은 총체로서의 **텍스트**이다. 텍스트의 기초를 이루는 체계를 밝히기 위하여 유일하게 가능한 방법은, 텍스트를 부문으로 분석할 수 있는 부류로서 간주하는 분석 방법이다. 이 부문은 부문으로 분석될 수 있는 부류로 간주되고, 그런 식으로 해서 분석의 여러 가능성을 끝까지 파헤친다. 이 방식은 부류에서 부문까지의 이행으로 간략하게 정의될 수 있고, 반대되는 이행 과정으로 간주되지는 않는다. 그것은 분석하고 특수화하려는 움직임이며 종합하고 보편화하는 움직임이 아니기 때문에, 전통 언어학에서 볼 수 있는 귀납적 과정과 반대되는 것이다. 이러한 대립을 보여 주는 현대 언어학은 이 방식과 유사한 방식들을 **연역법**이라고 칭한다. 인식론자들은 이 용어에 불만족을 표하고 있지만, 우리는 나중에 이 용어에 대한 반론(反論)을 극복할 수 있으리라는 바람을 가지고 계속 사용할 것이다.

5

랑가쥬 이론과 현실

우리는 랑가쥬 이론의 방법을 필연적으로 경험론과 귀납론의 방법이라고 특징지을 수 있었다. 이와 함께 우리는 랑가쥬 이론과 '경험의 여건'의 관계에 대하여 기본적인 문제를 규명하였다. 언젠가는 이같은 문제를 규명해야 하는데, 다시 말해 이론과 그 대상(또는 대상들) 사이에서 있을 수 있는 영향이 일방적인지 상호적인지 그 방향을 찾아야 할 것이다. 자의성에 관한 문제를 간략하고 순수하게 서술하기 위하여, 연구 대상이 이론을 결정하고 영향을 주는가, 또는 이론이 그 대상을 결정하고 영향을 주는가를 질문해 볼 수 있다.

우리는 다시 한 번 순수 인식론적인 문제를 전적으로 거부해야 한다. 우리는 여기서 우리에게 문제가 제기된 측면만을 고려할 것이다. **이론**이라는 용어가 변질되고 퇴색됨으로써 다른 방법으로 이해될 수 있다는 것을 우리는 너무나 잘 알고 있다. 이 용어는 또한 가설 체계를 지칭할 수도 있다. 오늘날 자주 사용됨에 따라, 이론과 그 대상의 영향을 미치는 관계가 일방적이라는 것은 분명하다. 다시 말해 연구 대상이 이론을 결정하고 영향을 미치는 것이지 그 역은 아니다. 이 가설은 연구 대상에 맞추어진 후에야 참인지 거짓인지 밝혀질 수 있다. 우리로서는 **이론**이란 용어를 다른 의미로 사용한다는 것을 앞서 명시해야 할 것이다. 다음과 같은 두 가지 요인들은 중요하다.

1. 이론 그 자체는 경험에 좌우되지 않는다. 이론이 경험의 여건에 적용되는지 아닌지를 이론상으로는 알 수 없다. 이론은 그 자체로 어떠한 존재의 공준을 내포하지 않는다. 이론은, 이론이 서술하는 전제로부터 비롯되는 가능성을 예측케 한다는 점에서 순수 연역 체계라는 것을 구성한다.

2. 이론가는 몇몇 경험의 여건에 적용될 수 있기 위하여 이론에서 서술된 몇몇 전제들이 필요 조건들을 충족시킨다는 것을 경험을 통해 안다. 이 전제들은 가능한 한 일반적이며, 따라서 많은 수의 경험의 여건에 적용될 수 있는 기회를 가지고 있다.

이 두 가지 요인의 특징에 대하여 우리는 1의 경우에서 이론은 **자의적이고**, 2의 경우는 **타당하다**(또는 그 목적에 부합된다)고 말할 것이다. 모든 이론을 구축할 때 이 두 가지 요인들을 합칠 필요가 있는 듯하다. 여하튼 상기한 것으로부터 경험의 여건이 이론의 유효성을 결코 확인할 수도 무효화할 수도 없고, 단지 적용 가능성만을 확인할 수 있다는 결과를 가져온다.

이론은 반립의 형태(논리적 의미로)를 가져야 하는 모든 정리(定理)를 추리할 수 있도록 하며, 이 관계의 조건 형태 안에서 변환할 수 있도록 한다. 이러한 정리는 조건이 충족되면, 명제의 진리로 귀결할 수 있다고 간략하게 진술한다. 이러한 경우, 이론이 적용될 때 조건이 충족되는지를 알 수 있다.

이로부터 이론과 추리된 정리는 가설을 세우도록 하고(법칙을 포함해서), 이론의 유효성과는 반대로 가설의 유효성은 전적으로 가설의 검증에 따른다.

여기서 공리와 공준이라는 용어는 언급되지 않았다. 우리는 우리의 이론이 우리가 명시적으로 서술한 전제가 이러한 종류의 명제를 세우도록 요구하는 인식론에 맡길 것이다. 랑가쥬 이론의 전제는 너무 멀리 거슬러 올라가기 때문에, 이렇게 전제된 공리들은 그 가운데 어떤 공리도 다른 이론들과 비교하여 우리가 말하는 랑가쥬 이론에만 고유할 수 없는 그러한 일반성을 지닐 것이다. 우리의 목적은 기본적인 원칙을 향하여 가능한 한 멀리 거슬러 올라가는 데 있다. 그렇다고 해서 랑가쥬 이론에 직접 이용할 수 있는 것을 간과하지 않을 것이다. 이러한 자세는 앞의 단락에서 이미 말했듯이 우리가 인식론 분야에 조금씩 접근해야만 한다는 것이다. 그것은 어떤 과학적 이론도 인식론과 활발한 협력을 하지 않고는 세워질 수 없다는 것이다.

따라서 랑가쥬 이론은 자의적이고 적합한 절차에 따라 전제들을 세우면서 대상을 완벽하게 정의한다. 이론은 전제의 수가 적을 뿐만 아니라 가능한 한 일반적인 산출로 구성되며, 전제는 이론에 특수한 정도에 따라 공리적 성격을 지니지 않는 듯하다. 이러한 산출은 가능성들을 예측할 수 있으나, 그 실현화에 대하여 아무것도 알려 주지 않는다. 이러한 관점에서 우리가 랑가쥬 이론을 현실의 개념과 관련짓는다면, 연구 대상이 이론을 결정하고 영향을 주는지 또는 그 역인지를 알아보는 질문에 대하여 두 가지 대답이 나올 수 있다. 자의성에 근거하여 이론은 **비실재론적**이고, 타당성에 근거하여 이론은 **실재론적**이기 때문이다. (이 용어의 의미는 위에서 언급한 중세의 의미가 아니라 현대의 의미이다.)

6
랑가쥬 이론의 목적

하나의 이론은 암시된 성질을 지닌 주어진 연구 대상을 모순되지 않고 철저하게 기술할 수 있는 방식을 가공(加工)하는 것을 목적으로 삼는다고 말할 수 있다. 이러한 기술은 문제가 되는 대상을 확인 또는 이해하게 한다. 또한 이론은 주어진 연구 대상을 명백하게 확인, 또는 이해하는 방법을 가르쳐 주는 것을 목적으로 삼는다고 말할 수 있다. 그렇지만 이론은 결정된 연구 대상을 인정하는 여러 방법들을 제시하는 것으로 한정될 수 없다. 게다가 이론은 주어진 대상과 암시된 성질을 지녔다고 상상할 수 있는 모든 대상들을 식별하도록 하는 방법으로 받아들여져야 한다.

주어진 대상 또는 우리의 경험에서 온 대상들 그리고 암시적 성질을 지닌, 있을 수 있는 모든 대상들을 확인하게 하는 도구를 우리가 자유롭게 사용한다는 점에서 이론은 일반적이어야 한다. 이론을 통하여 우리는 이미 알려진 모든 우발적인 것뿐만 아니라 각각의 우발성에 다가갈 수 있다.

랑가쥬 이론은 텍스트들과 관련되고, 그 목적은 주어진 텍스트를 모순되지 않고 철저하게 기술하여 텍스트를 파악하는 방식을 가르쳐 주는 데 있다. 그런데 동일한 방법으로 이론은 우리에게 이러한 텍스트에 사용될 수 있는 도구를 제공하면서, 암시된 동일 성격의 다른 텍스트를 어떻게 파악할 수 있는지를 보여 주어야 한다.

우리는 랑가쥬 이론에서 그 이론은 모순되지 않고 철저할 뿐만 아니라 실제로 모든 프랑스어 텍스트, 그뿐만 아니라 그 텍스트들은 지금까지 고려해 온 텍스트만큼 암시된 성격을 지니고 있는 동안 가능하고 허용될 수 있는 프랑스어 텍스트──가까운 미래의 텍스트와 불투명한 미래의 텍스트조차──를 모순되지 않고 철저하게 기술할 수 있어야 한다. 랑가쥬 이론은 실제로 있는 프랑스어 텍스트들에 근거하여 이러한 요구를 충족시킨다. 텍스트의 범위와 수는 실상 이 텍스트들을 선택하는 데에 만족할 정도이면 된다. 그런데 우리의 이론적 도구 덕분에, 텍스트를 선택함으로써 다른 텍스트들에 적용될 수 있을 지식의 기반을 구축할 수 있을 것이다. 이러한 지식은 물론 **과정** 또는 지식이 추출되는 **텍스트**에 관련된다. 그러나 거기에 유일하고 주된 관심이 지식에만 있는 것이 아니다. 지식은 **체계나 랑그**에 관련되며, 암시된 동질의 모든 텍스트들의 구조는 랑그에 따라 세워지고, 랑그는 우리에게 새로운 텍스트를 구성해 준다. 이렇게 얻어진 언어학의 지식으로 인해 우리는 한 랑그에 있어서 허용할 수 있거나, 또는 이론상 가능한 모든 텍스트들을 구축할 수 있을 것이다.

그렇다 해도 랑가쥬 이론이 주어진 랑그의 가능한 모든 텍스트들을 기술하거나 구축한다는 것으로는 충분치 않다. 더욱이 랑가쥬 이론이 일반적으로 내포하고 있는 지식을 바탕으로 이론은 어떤 언어로 된 텍스트에든지 적용될 수 있어야 한다. 또 랑가쥬 이론가는 다양한 언어들에 속하는 텍스트들을 제한적으로 선택하는 것을 출발점으로 삼을 때만 이러한 요구를 만족시킬 수 있다. 이론은 아직 실현되지 않은 텍스트들에도 역시 유용해야 하기 때문에, 실제로 있는 모든 텍스트들을 살펴본다는 것은 인간의 힘으로는 당연히 불가능하고 유용하지도 않을 것이다. 그러므로 언어학자는 다른 이론가와 마찬가지로 미지의 가능성과 잠재된 가능성을 포함하여, 모든 허용 가능성들을 신중히 예측해야 한다. 언어학자는 그가 접해 보지 않은 텍스트와 언어들, 아마도 그 중에서 결코 실현되지 않을 텍스트와 언어들에도 이론이 적용될 수 있는 방법을 가지고 이론 내에 그 가능성을 수용해야 한다. 이러한 방법만이 그 적용 가능성을 보장하는 랑가쥬 이론을 세울 수 있다.

이런 이유로 하여 이론의 적용 가능성은 반드시 보장되어야 하며, 각각의 적용은 필연적으로 이 이론을 전제한다. 그러나 이론과 그 적용, 또는 적용의 실제적인 방법을 혼동하지 않는 것은 대단히 중요하다. 이론은 절차에 따르지만, '발견 절차'(실제적인)는 본 저서에서는 다루지 않을 것이다. 정확히 말하자면 본 저서는 체계적인 형태로 이론을 제시하지 않고, 그 서설만을 제시하고자 한다.

랑가쥬 이론은 이론의 타당성을 근거로 경험론적[5]인 작업을 시행한다. 랑가쥬 이론의 자의성을 근거로 산출 작업을 실행한다. 경험의 몇 가지 현상을 근거로——가능한 한 다양한 경험을 선택하는 것이 효율적이라 할지라도 대단히 제한된——이론가는 구체적인 분야에서 모든 가능성들을 산출할 것이다. 그는 모든 대상에서 공통된 특성을 랑그라 칭하고 끌어내어, 자의적으로 이 분야의 윤곽을 만들어 놓음으로써 이 특성들을 일반화하고 이론상 그것들을 제시하기에 이른다. 이 순간부터 이론가는 자의적이지만 타당한 방법으로, 어떤 대상들이 이론에 적용될 수 있고 어떤 대상들이 적용될 수 없는지를 결정하게 되었다. 따라서 이렇게 정의된 모든 대상들은 허용될 수 있는 모든 경우들을 예측할 수 있는 일반적인 계산에 따른다. 이 계산은 경험과는 무관하게 추론되기 때문에 제시된 정의로부터 주어진 텍스트와 텍스트를 구성한 언어를 기술하고 파악하게 하는 도구를 제공한다. 랑가쥬 이론은 텍스트와 그와 관련된 언어들의 도움으로 입증되거나 확인되거나 무효화될 수는 없다. 이론은 모순되지 않게 산출의 철저성과 같은 통제를 받아들일 뿐이다.

산출로 텍스트와 언어의 모순되지 않고 철저한 기술에 도달할 수 있는 절차들이 세워진다면, 이 절차들 중에서 가장 간략한 기술을 보장하는 절차를 선택해야 한다. 여러 절차들이 동일한 간결성을 지닌 결과를 낳는 기술을 허용할 수 있다면, 우리는 가장 간결한 방식을 빌려 오는 절차를 선택해야 한다. 우리는 우리의 경험주의 원칙에서 추론된 이 원칙을 **간결성의 원칙**이라고 부를 것이다.

이 원칙은 모순되지 않고 철저한 어떤 해결이 정당하며, 다른 해결은 그렇지 않다는 것을 확언케 하는 유일한 원칙이다. 간결성 원칙을 가장 잘 충족시키는 해결이 정당하다고 간주된다.

그러므로 모순 없이 철저해야 한다는 요구에 부응하고, 얻어진 결과가 동시에 가장 간결한지를 검증하면서 랑가쥬 이론과 그 적용 가치를 결정할 수 있다.

그러므로 랑가쥬 이론은 이론이 설명하는 '경험주의 원칙'과의 관련에서만 평가되어야 한다. 그래서 이 원칙으로 형성된 이상형에 가까운 여러 랑가쥬 이론들을 상상할 수 있다. 그 이론들 가운데 하나만이 결정적인 이론이 되어야 하고, 구체적으로 제시된 모든 랑가쥬 이론들은 바로 이 결정적 이론이 되기를 바란다. 그런데 랑가쥬 이론은 원칙적으로 구체적인 실현을 통해서 정의되지 않는다. 기본적인 원칙에 조금씩 가까이 갈 때마다 구체적인 새로운 실현화를 가공하면서 이론이 향상되는 것을 보는 것은 바람직하고 가능한 일이다.

　이 이론의 서설에서 우리의 관심사는 이론의 실재론적인 측면, 즉 적용 가능성의 요구를 충족시키는 가장 좋은 방법에 있다. 이를 위하여 언어의 모든 구조를 구성하는 자질을 끌어내고, 정의 내에서 자질들이 정착하는 논리적인 결과를 검토해야 할 것이다.

ㄱ

랑가쥬 이론의 목표들

　지금까지 우세하였던 선험적 태도를 피함으로써, 랑가쥬 이론은 단지 언어 자체에만 의존하는 특유한 구조로서 언어의 내재적인 지식을 추구한다.(1장 참고) 랑그 밖에서가 아닌 내부 자체에서 불변성을 추구하면서(2장 참고) 이론은 단지 일시적인 규제이긴 하지만 그 대상에 대하여 필요한 규제를 행한다. 랑가쥬인 총체적 합체의 주된 요인들 어느 하나라도 결코 배제하지 않는다는 규제이다. 데카르트의 제2규칙과 제3규칙[6]처럼 여러 문제들을 분할하고, 복잡한 것에 도달하기 위하여 단순한 것으로부터 출발하려는 것이다. 이러한 규제는 비교하기 전에 분리해야 한다는 필요성의 원칙에서 비롯한다.(4장 참고)

　후에 규제는 주변 현상들을 근거로 발견된 구조에 투사하여 목표의 확대를 허용하는지 검증될 것으로 간주되며, 그래서 현상들은 구조 자체에 비추어 만족하게 설명될 것이다. 분석이 끝난 후 이론이 만족하다고 판단되면 랑가쥬의 총체적인 합체, 즉 그 삶과 현실은 '사실의' 우발적인 복합체가 아니라 척도가 되는 원칙 주위에 조직된 한 덩이처럼 다시금 종합적으로 간주될 수 있다. 여기에 도달하면 이론은 만족스러운 것으로 평가될 이론이 어떤 척도에서 우리의 경험주의 원칙에 일치하는 철저한 기술에 부응하는지를 평가하면서 이를 증명할 수 있다. 선택된 구조의 원칙으로부터 모든 일반적인 결과들을 끌어내면서 증명되어야 한다.

이론은 이 원칙에 따라 관점들을 확대한다. 목표의 확대가 **구체적**으로 택할 형태는, 우리가 어떤 종류의 대상을 우선적으로 고려할 것인가에 따른다. 우리는 전통 언어학의 전제들로부터 시작할 것을 선택하고, 이른바 **자연어**라고 부르는 **구어**에서 우리의 이론을 구축할 것이다. 범위는 이러한 첫번째 목표로부터 궁극적인 결과가 끌어내어질 때까지 확대될 것이다. 목표는 처음에 배제되었던 인간 파롤의 총체적인 합체의 양상들을 재병합하고, 다시 고려할 때까지 여러 번 확대될 것이다.

정의의 체계

랑가쥬 이론의 중요한 역할은——가능한 한 오래 전으로 거슬러 올라가면서——언어학에 특이한 전제들을 명시하는 데 있기 때문에 랑가쥬 이론은 이러한 목적에서 정의의 체계를 세운다. 이론은 모든 관념론을 될 수 있는 한 경계해야만 하는데, 다시 말해 이론의 함축적인 전제의 수를 최소한으로 축소시켜야 한다. 따라서 이론이 사용하는 개념들은 정의되어야 하고, 제시된 정의들은 될 수 있는 한 이미 정의된 개념들에 근거를 두어야 한다. 이론의 적용 측면에서 보면, 이는 정의들이 가능한 한 깊이 고찰되어야 하고, 예비 정의를 전제로 하는 정의들에 앞서 예비 정의들을 모든 부분에서 도입하는 것을 의미한다.

다른 정의들을 전제하고, 이로부터 다른 정의들이 전제되는 정의들에 명시적이면서 엄격하게 **형식론**[7]**적인** 성격을 부여하는 것이 유용하다. 이 정의들은 지금까지 언어학이 이론화하려고 했던 **실재론**[8]**인** 정의들과 구별된다. 그리고 이론의 형식적 정의에서 대상들의 성격을 철저히 이해한다거나 대상들의 외연을 명시한다는 것이 문제시되는 것이 아니라, 정해졌거나 전제된 다른 대상들과 관련하여 기본 개념으로서 대상들을 정착시킬 뿐이다.

형식론적인 정의들 외에도, 기술이라는 절차 때문에 기술하는 동안에 일시적인 역할만 하는 **운용적** 정의들을 받아들이는 것이 때때로 필요하다. 한편으로는 보다 진전된 단계에서 형식론적인 정의로 변형되는 정의들과, 다른 한편으로는 결정된 개념들이 형식적 정의 체계에 개입하지 않을 전적으로 운용적인 정의들이 문제시된다.

이론상 극단적으로 실행되는 이러한 방식은 특이한 공리의 랑가쥬 이론에 기여하는 것처럼 보인다.(5장 참고) 우리는 모든 학문에서 정의를 적절히 사용함으로써 공리의 수를 제한하고, 때때로 그 수를 제로로 축소시킬 수도 있을 것이다. 함축적 전제들을 제거하려는 신중한 시도는 공준들을 정의로 바꾸거나, 또는 공준 자체를 사라지게 하는 이론상 제시된 조건 명제들로 바꾼다. 대부분의 경우, 실존적인 추론은 조건적 형태를 지닌 **정리**로 대신할 수 있을 것 같다.

ㄱ

분석의 원칙

주어진 텍스트에서 출발하여 분석을 통해 텍스트의 모순이 없는 철저한 기술을 하기 위한 길을 지시하면서 부류에서 부문으로, 그리고 부문의 부문으로의 연역적 이행 랑가쥬 이론에 관한 정의 체계 가운데 가장 심오한 층위들은(8장 참고) 이 분석의 원칙에 대하여 논하고, 분석의 성격과 분석에서 다루는 개념들을 명확히 해야 한다. 랑가쥬 이론이 그 역할을 다하기 위하여 선택해야 하는 것은, 바로 우리가 과정을 숙고하기 시작할 때 접근할 정의 체계의 이러한 기본적인 층위들이다.

분석 기반의 선택이 그 합당성과 관련되기 때문에(경험주의 원칙에 포함된 세 가지 요구들과 관련하여) 이 선택은 텍스트에 따라 다양할 것이다. 따라서 선택은 보편소로 묶일 수 없고, 단지 모든 허용 가능성을 고려하는 일반적인 산출에 의하여 고찰될 수 있다. 우리가 전적으로 흥미를 갖는 분석의 원칙은 이와는 달리 보편적인 것을 보여 준다.

그러나 이 분석 원칙은 경험주의 원칙에 부합되어야 하고, 이 경우에 실제적인 관심은 바로 철저성에 대한 요구이다. 분석 결과는 철저해야 하며(넓은 의미에서), 다른 분석을 통하여 언어학의 재료인 대상에 속하는 것으로 보일 요인들을 수용하지 못하는 방법은 끌어들이지 않아야 한다. 요컨대 분석의 원칙은 타당해야 한다.

소박한 실재론에 따르면 분석은 주어진 대상을 부분으로, 새로운 대상들로, 그리고 이 새로운 대상들은 다시 부분으로, 다시 새로운 대상들 등으로 나누는 방식으로 귀착될지도 모른다. 그러나 이러한 경우조차 소박한 실재론은 여러 가능한 분할 중에서 선택해야 할 것이다. 따라서 본질적인 것은 결국 대상을 부분으로 분할하는 것이 아니라, 분석이 이 부분들 사이에서 존재하는 상조적 의존성에 부합하는 방법으로 분석을 채택해야 하는 것이다. 그렇게 하면 우리는 이 의존성을 어려움 없이 파악할 수 있을 것이다. 우리는 거기에 이 분석의 타당성이 보장되고, 지식에 대한 형이상학론에 의해 대상과 그 부분들의 '성격'을 반영하는 유일한 방법을 찾아볼 수 있다.

이 주장의 결과들은 분석의 원칙을 이해하기 위한 기본이 된다. 왜냐하면 검토된 대상과 그 부분들은 관계나 의존성으로 존재할 뿐이기 때문이다. 검토된 대상의 총체는 총량일 뿐이고, 부분들의 각각은 다음과 같은 관계들에 의해서만 정의된다. 1) 한 부분과 그와 등위를 이루는 다른 부분들과의 관계, 2) 총체와 다음 등위의 부분들과의 관계, 3) 관계와 의존성의 집합과 부분들의 관계. 그러므로 소박한 실재론의 '대상들'은 이러한 관계망들의 교차점이 된다. 다시 말해 이러한 사실은 교차점이 이러한 방법으로 대상들을 과학적으로 정의하고 이해하는 기술을 할 수 있다는 것을 의미한다. 소박한 실재론이 대상을 미리 가정함으로써 부차적인 것으로 간주하는 관계들, 혹은 의존성들은 우리에게 근본적인 것들이다. 그것들은 교차점들이 존재하기 위하여 반드시 필요한 조건들이기 때문이다. 총체는 대상이 아닌 의존성으로 구성되어 있으며, 과학적인 존재를 지닌 것은 본질이 아니라 내적 관계와 외적 관계임을 이해하는 것은 결코 새로운 일이 아니다. 그러나 이러한 이해가 언어학에서는 새로운 일인 것 같다. 관계들의 사항과는 다른 어떤 것으로 대상들을 가정한다는 것은, 필요 이상의 공리와 언어학이 벗어나야 할 형이상학적 가설을 끌어들이는 것이다.

최근의 언어학 연구들은 철저히 연구되어야 하며, 논리적인 사고를 필요로 하는 몇 가지 현상들을 다루고 있다. 페르디낭드 소쉬르 이후 언어 현상들간의 상호 의존성이 있음을 주장했는데, 주어진 언어는 한 현상을 제시하려면 다른 현상들도 제시해야 한다는 것이다. 이러한 견해가 지나치게 깊이 연구되고 확산되었을지라도 정당하다는 것은 분명하다. 이 모든 것은 소쉬르가 랑그 안에서 의존성이 우월함을 인정한다는 것을 보여 주는 셈이다. 그는 모든 분야에서 관계들을 연구함으로써 랑그는 형태이며, 본질이 아니라는 점을 단언한다.

이러한 연구 시점에서 우리는 순환 논법에 빠지지 않도록 주의해야 할 것이다. 예를 들어 실사와 형용사 또는 모음과 자음이 상호적으로 서로를 전제함으로써 랑그는 형용사 없이 실사를 소유할 수 없고, 역으로 실사 없이 형용사를 소유할 수도 없으며, 자음 없이 모음을 소유할 수도 없다——우리가 정리(定理)로 내세우는 명제이다——는 것을 주장한다면, 이 명제들은 실사·형용사·모음과 자음의 개념을 위해 채택된 정의들에 따라 참 또는 거짓이 될 수 있을 것이다.

따라서 우리는 여기서 난처한 문제에 접하게 된다. 더구나 지금까지 전념하였던 서로간의 의존성, 또는 상호 의존성의 경우들이 랑그의 과정이 아닌 체계로부터(2장 참고) 끌어내어진다는 사실 때문에 더욱 난감하게 되었다. 또한 바로 이러한 종류의 의존성들을 연구해 왔다는 것이다. 그래서 상호 의존성 이외에도 사항들 가운데 하나가 다른 사항을 전제하는 일방적인 의존성들을 예견해야 하고, 그 역은 성립하지 않으며, 두 사항들이 상호적으로 서로를 전제하지 않지만 양립되지 않으며, 상호적으로 배제하는 사항들과의 대립에 의하여 함께 나타날 수도 있는 느슨한 의존성들을 예견할 필요가 있다.

이와 같은 다양한 가능성들을 받아들이고 나면, 이에 적합한 용어가 필요하다. 우리는 여기서 다루어진 가능성들에 대한 운용적인 용어들을 당분간 사용할 것이다. 두 사항들이 상호적으로 가정되는 서로간의 의존성들을 우리는 **상호 의존성**(interdé-pendances)이라 부를 것이다. 사항들 가운데 한 사항이 다른 것을 가정하지만, 그 역은 성립하지 않는 일방적 의존성을 **한정**(détermination)이라고 할 것이다. 끝으로 두 사항들이 하나가 다른 것을 전제하지 않으면서 쌍무적인 관계에 있는 느슨한 의존성들을 **점멸**(constellations)이라고 부를 것이다.

이제 우리는 과정 또는 체계 내에서 세 종류의 의존성을 구별할 수 있다. 우리는 한 과정에서 항들간의 상호 의존을 **연대성**(solidarité), 체계에서 항들간의 상호 의존을 **보충성**(complé-mentarité)[9]이라고 부를 것이다. 과정에서 항들간의 한정은 **선별성**(sélection), 체계에서 항들간의 한정은 **특이화**(spécification)라 부르고, 점멸은 과정에서 **결합**(combinaisions)으로, 체계에서는 **자율성**(autonomies)이라 부를 것이다.

그래서 사항들의 세 활동, 즉 과정을 위한 첫번째 활동, 체계를 위한 두번째 활동, 과정과 체계와는 무관하게 유효한 세번째 활동을 나누어 사용하는 것이 효율적이다. 항들의 동일한 집합은 관점에 따라 체계로 간주될 수 있고, 과정으로 간주될 수도 있다. 한 예로 우리의 이론을 들 수 있다. 정의들의 위계는 한 정의가 진술되고 씌어지며 읽혀지고 나면 다른 정의가 진술되고 씌어지며 읽혀지는 계속되는 과정처럼, 또는 가능한 과정을 잠재적으로 내재하고 있는 체계처럼 간주될 수 있다는 것이다. 선행 정의들이 그것을 뒤따르는 정의들에 의하여 전제되며, 그 역은 성립되지 않기 때문에 정의들 사이에는 한정이 있다. 정의들의 위계를 과정으로 본다면 정의들 사이에는 선별성이 있으며, 반대로 그 위계를 체계로 본다면 정의들 사이에는 특이성이 있다.

현재 우리가 관심을 가지고 있는 텍스트 분석에서, 우리의 주의를 끄는 것은 과정이지 체계가 아니다. 주어진 언어의 텍스트에서 연대성들을 발견하는 것은 쉬운 일이다. 그래서 우리가 잘 알고 있는 언어들에서는 흔히 동일한 '문법 형태'의 내부에 있는 다양한 범주들의 형태소들 사이에 연대성이 있고, 그리하여 한 범주의 형태소는 다른 범주의 형태소를 항상 수반하며 그 역도 그러하다. 라틴어에서 명사는 항상 격형태소·수형태소를 가지고 있는데, 이 둘은 항상 함께 나타난다. 더구나 선별성의 경우들은 더욱 뚜렷하다. 제사법이라는 개념이 잘 정의되지는 않았지만, 오래 전부터 제사법으로 알려져 있는 경우들이 있다. 전치사와 그 보어 사이에는 선별성이 있을 수 있다. 예를 들면 sine와 탈격에서, sine는 텍스트에서 탈격과 함께 있음을 암시하지만 그 역은 성립되지 않는다. 라틴어에서 공존이 가능하지만 필수적이 아닌 ab와 탈격과 같은 결합의 경우도 있다. 이러한 공존의 가능성은, 서로 배제하는 ab와 탈격으로부터 결합하는 ab와 탈격을 구별한다. ab와 탈격의 공존이 필수적이 아닌 것은 ab가 **전동사**로 기능할 수 있기 때문이다. 주어진 언어에 개별적이 아니고 보편적인 특성을 가진 다른 관점에서 보면(앞의 예들과는 반대로) 전치사의 보어가 전치사 없이 존재할 수 없고, 전치사가 보어 없이(sine처럼) 존재할 수 없다는 점에서 전치사와 보어 사이에는 때때로 연대성이 있다.

전통 언어학에서는 한 단어의 내부가 아니고, 둘 또는 여러 단어들 사이에서 의존성이 존재할 때만 체계적으로 이러한 의존성들을 다루었다. 이러한 자세는 고대 그리스 이래로 언어 연구가 주장하였던 필요성, 즉 문법을 형태론과 통사론으로 나눈 것과 결코 무관하지 않다. 이 점에 대하여 최근의 몇몇 동향들과 공감하면서, 우리는 타당하지 않은 이러한 학설을 더 이상 사용하지 않을 것이다. 이 학설을 극단적으로 밀고 간다면——몇 번 그런 적이 있었다——형태론은 체계의 기술에만 적합할 것이고, 통사론은 과정의 기술에만 적합할 것이다. 이러한 구별을 논리적 결과까지 이끌고 갈 필요가 있다. 왜냐하면 이것은 역설임을 분명히 보여 주기 때문이다. 이러한 경우라면 언어논리학이 아니라 통사론에서만 과정에서 비롯되는 의존성들, 다시 말해 동일한 구문의 단어들간의 의존성, 그러나 한 단어의 내부도 아니고 그 부분들 사이도 아닌 의존성들을 논리적으로 수록할 수 있어야 할 것이다. 제사법 현상에 모아진 특별한 관심이 어디에서 온 것인지 알 수 있다.

그렇지만 구문 안에서 단어들 사이에 맺어진 의존성, 즉 동일한 성격의 분석과 기술을 가능케 하는 의존성들과 유사한 의존성들이 단어의 내부에 존재하는지를 보기 위하여 모든 전통적 개념들을 포기할 필요는 없다. 한 언어의 구조는 동일한 어간이 파생법의 접미사와 함께 나타날 수도 있고, 없이도 나타날 수 있는 그러한 것이다. 따라서 접미사와 어간 사이에는 선별성이 있다. 보다 보편적이거나 보다 일반적인 관점에서 한 접미사는 반드시 어간을 전제로 하지만, 그 역은 성립되지 않기 때문에 이 경우에는 항상 선별성이 있다. 전통 언어학의 개념들조차 최근 분석에서 선별성에 입각한 정의, 즉 주절과 종속절을 구별하는 정의와 같은 유형의 정의를 요구한다. 우리는 단어의 어미 내부에서, 그리고 그 부문 사이에서도 동일한 성격의 의존성들을 발견하며, 이미 한 예를 제시한 바 있다. 주어진 구조적 조건들에서 명사 형태소들 사이의 연대성은 선별성, 혹은 결합으로 대신할 수 있다는 것은 분명하다. 예를 들어 명사는 비교의 형태소를 나타낼 수도 있고 그렇지 않을 수도 있다. 그것은 비교의 형태소들이 수(數)형태소들과는 달리 격형태소들과 연대적은 아니지만, 일방적으로 그들간의 공존을 전제한다는 것을 의미한다. 그래서 거기에는 선별성이 있다. 앞에서 예로 든 바와 같이 형태소들의 각 계열체(격의 계열체와 수의 계열체)를 하나의 총체로 간주하기보다는, 각각의 격과 각각의 수를 분리해 고려할 때 결합이 나타난다. 예를 들어 대격과 한 개별적인 수, 복수 같은 특별한 경우에는 결합이 있다. 그들 집합에서 취해진 계열체들 사이에서만 연대성이 있다. 같은 원칙으로 음절을 나누어 볼 수 있다. 어떤 구조적 조건들 내에서는(알려진 많은 랑그들에서 실현된) 주변적 부분이 중심적 부분의 맥락적 공존을 암시하지만 그 역은 성립되지 않는다는 사실로 인해, 음절은 중심적 부분(모음 또는 명음)과 주변적 부분(자음 또는 비명음)으로 나누어질 수 있다. 여기에도 선별성의 경우가 있다. 이 원칙은 전문서에서 효력을 잃은 지 오래지만 초등 교육에서 여전히 다루어지고 있으며, 모음과 자음의 정의에서 실제로 찾아볼 수 있는데 그 역사는 고대 그리스 시대까지 거슬러 올라간다.

그러므로 텍스트와 그 부분들 가운데 어떤 부분이라도 이러한 성격의 의존성들에 의하여 정의된 부분으로 분석될 수 있다는 점은 분명하다고 간주되어야 할 것이다. 그 결과 분석의 원칙은 이러한 의존성을 파악함으로써 세워질 것이다. 분석에 의하여 정의된 부분들은 관계들의 망의 교차점으로만 간주되어야 한다. 그러므로 분석의 기반은 개별적인 모든 경우마다 관여적 관계에 따라 선택되어야 하기 때문에, 이러한 의존성이 기술되고 원칙적인 유형으로 귀착되기 전에 분석을 시도할 수 없으며, 따라서 기술이 철저하기 위하여 기술해야 할 관계가 어떤 관계인지 아는 경우에만 분석해 볼 것을 결심할 수 있다.

분석 형태

분석은 용례에 따라 텍스트의 부분이라고 일컬을 사항들의 의존성 또는 관계를 수록하는 데 있으며, 사항들은 이러한 관계에 근거하여 존재한다. 이 사항들이 부분으로 불린다는 사실과 모든 방식이 분석한다는 사실은, 사항들과 그 사항들의 총체(다시 말해 텍스트) 사이에도 역시 관계가 있다는 데에 근거한다. 다시 말해 분석이 설명해야 하는 관계들이다. 발견된 대상들(부분들)이 총체(즉 텍스트)는 외부가 아닌 내부의 것으로 간주될 수 있게 하고, 총체와 부분들 사이에서 의존성과 총체와 다른 총체들 사이의 의존성을 구별하며 특징짓는 개별 요인은 의존성과 **동질인 것**(homogénéité)처럼 보인다. 한 총체에 대한 단일 분석에서 비롯되는 모든 동일 위계의 부분들은 동질적으로 이 총체에 좌우된다. 동질성은 또한 부분들간의 의존성을 특징짓는다. 예를 들어 텍스트를 절(節)로 분석하면서 두 종류의 절(쌍무적인 특이한 의존성에 의하여 정의된), 즉 주절과 종속절로 구별하여——분석을 더 멀리 진전시키지 않는다는 조건으로——우리는 어떤 절이라 할지라도 주절과 종속절 사이의 동일한 의존성을 볼 수 있을 것이다. 어간과 파생된 접미사 사이, 한 음절의 중심 부분과 주변적 부분 사이의 관계, 그리고 다른 모든 경우에서도 마찬가지이다.

우리는 분석의 일맥상통하는 방법론적 정의를 세우고 지키기 위하여 이러한 기준을 근거로 삼을 것이다. 그러므로 형식적인 정의에서, 분석은 어떤 대상을 기술하기 위해 다른 대상들의 동질적 의존성을 통하여 그 대상과 다른 대상들은 상호적으로 기술할 것이다. 분석을 따르는 한 대상들을 **부류**(classe)라 부르고, 단일 분석을 통하여 동질적으로 상호 의존하고 부류에 의존하는 대상들을 이 부류의 **부문**(composantes)이라 부를 것이다.

이론에 의해 채택된 정의 체계에 한정된 이 첫번째 예시에서 부문의 정의는 부류의 정의를 전제하고, 부류의 정의는 분석의 정의를 전제로 한다. 분석의 정의는 이론에 고유한 정의 체계에서 정의되지 않은 사항들, 혹은 개념들만을 전제로 한다. 따라서 우리는 **기술·대상·의존성·동질성**을 정의될 수 없는 것으로 제시한다.

부류들의 부류는 **위계**(hiérarchie)라고 부를 것이며, 두 종류의 위계, 즉 **과정**(procéssus)과 **체계**(système)를 구별할 것이다. 우리는 부류와 부문이 과정에서 취해지는지, 또는 체계에서 취해지는지에 따라 부류와 부문에 명칭들을 부여함으로써 일상적인 사용에 다가갈 것이다. 언어학적 과정에서[10] 부류는 **연쇄**(chaîne), 부문은 **부분**(parties)이라고 부를 것이다.[11] 언어학적 체계에서 부류는 **계열체**(paradigmes), 부문은 **구성사**(membre)라고 부를 것이다. 부분과 결합체의 구별에 대응하여 과정의 분석을 **분할**(division), 체계의 분석을 **분절**(articulation)이라 부를 것이다.

분석의 첫번째 역할은 과정을 분할하는 데에 있다. 텍스트는 하나의 연쇄이고, 더 이상 분석할 수 없는 부분들을 제외하고 모든 부분들(절·단어·음절 등)은 역시 연쇄들이다.

철저성에 따르면 텍스트를 단순하게 분할해서는 안 된다. 그러나 나누어지는 부분들은 분할될 수 있을 때까지 나누어져야 한다. 분석이 간결한지 지속적인지 아무것도 이를 지시하지 않은 채 우리는 분석을 정의하였다. 그래서 그렇게 정의된 분석(즉 분할 역시)은 하나, 둘, 또는 여러 분석을 가질 수 있다. 분석의 (또는 분할의) 개념은 하나의 '아코디언(주름접기) 개념'이다. 게다가 주어진 대상(다시 말해 텍스트)은 분석의 한 기반에서 한계가 있다 하더라도 계속되는 분할에 의하여 끝없이 기술되지만 기술을 확대할 수 있기 때문에, 다시 말해 다른 분석의 기반 상에서 새로운 분할로 실행되어 새로운 의존성들을 보일 수 있다고 생각할 수 있다. 그러므로 우리는 **분석들의 복합체**, 또는 **분할들의 복합체**, 다시 말해 유일한 동일 분류(또는 연쇄)의 분석(또는 분할)의 부류에 대해 말할 것이다.

따라서 텍스트의 철저한 분석은 각각의 운용이 단순한 최소 분할로 이루어지는 분할의 복합체(또는 지속적인 분할)로 구성되는 절차 형태를 가질 것이다. 이 절차가 가지는 운용은 앞선 운용들을 전제할 것이고, 뒤이어 오는 운용들에 의하여 전제될 것이다. 선택된 절차가 분할의 복합체일지라도 그러하다. 한계에 이른 각 분할은 다른 분할들에 의하여 전제되고, 혹은 다른 분할들을 전제한다. 절차의 부문들 사이에는 한정이 있고, 그 결과 뒤이어 오는 부문들은 항상 앞의 부문들을 전제하지만 그 역은 성립되지 않는다. 정의들의 한정처럼 운용들의 한정은 선별성이나 특이성(부류)으로 간주될 수 있다. 우리는 이러한 절차의 총체를 **연역법**이라 부르고, 연역법을 지속되는 분석처럼, 또는 분석들의 한정이 있는 분석의 복합체처럼 형식적으로 정의할 것이다.

따라서 연역법은 귀납법과는 다른 절차의 유형이다. 우리는 **운용**을 경험주의 원칙에 부합하는 기술로, **절차**를 상호 한정을 지닌 운용의 부류라고 정의할 것이다. (위에서 언급한 **분석**과 마찬가지로, 이러한 정의들은 **운용**과 **절차**에 대하여 '아코디언' 개념들을 만든다.) 이제 절차는 분석으로 이루어져서 연역법이 될 수 있고, 또는 그 반대로 **종합**으로 이루어져서 **귀납법**이 될 수도 있다. 우리는 **종합**을 부류의 부문인 대상들의 기술이라고 이해하고(**종합**은 분석처럼 '아코디언'이 된다), **귀납법**은 개입하는 종합들간의 한정을 갖는 지속적 종합이라고 이해한다. 선택된 절차가 분석과 종합을 동시에 포함한다면, 그들 사이에 존재하는 전제의 관계는 종합이 분석을 전제하는 한정처럼 나타나지만 그 역은 성립되지 않는다. 이것은 직접적인 자료가 분석되지 않는 총체라는 사실에서 나온 당연한 결과이다.(텍스트, 4장 참고) 그래서 순수하게 귀납적인 절차는(그러나 반드시 함축적인 연역법들을 포함하게 될 절차) 경험주의 원칙이 요구하는 철저성을 충족시키지 못할 것이다. 그러므로 4장에서 주장한 바 있는 연역법에 대한 형식적인 검증이 있게 된다. 이에 대하여 어떤 것도 역방향으로 위계를 따르는 바를 금하지 않으며, 그것은 새로운 결과를 가져오지는 않지만 같은 결과를 위해 채택될 때 때로 유용할 수 있는 새로운 시각을 제공할 수 있다.

언어학에서 수용하고 있는 용어를 바꿀 만한 충분한 이유는 없는 것으로 보인다. 우리의 용어와 우리가 제시한 개념들의 형식적인 근거는 인식론의 사용과 대단히 밀접하다고 본다. 우리의 정의들에 따르면, '논리적 결론'이란 뜻에서 **연역법**이라는 용어 사용을 반대하거나 금하지 않는다. 우리가 보기에 다른 명제들로 추론되는 명제들은 분석에 의한 결과라 말할 수 있다.[12] 그 방식의 각 층위에서 대상들이 전제된 명제에 의존하기 때문에 추론된 명제들은 동질적으로 상호 종속적인 대상들이다. 이것은 분석 개념의 일반 개념화와는 분명히 다르다. 그러나 우리는 형식적인 정의들을 사용함으로써 대상들의 성격에 대한 공준을 형식화하는 데 신중을 기하였다. 따라서 우리는 그 정의 안에 포함되어 있는 것 밖에서 분석의 성격, 또는 본질에 대하여 어떤 가정도 하지 않았다. **귀납법**이라는 용어가 어떤 명제를 다른 명제로 이행하도록 돕는——이는 논리적 용어에 따르면 귀납법으로부터 일종의 연역법을 만든다는 말이다——논리적 결론의 개별 유형을 지칭하기 위해 사용된다면, **귀납법**이라는 중의적 용어는 우리가 다루는 의미와는 다른 의미로 사용될 것이다. 때가 되면 정의의 방법은 이러한 중의성이 야기한 불편한 점을 제거할 수 있을 것이다.

우리는 지금까지 **부문·부분**과 **구성사**라는 사항들을 **분류·연쇄·계열체**라는 사항들과 각각 대립하면서 사용하였다. 그러나 우리는 **부문·부분·구성사**를 간단한 분석의 결과들을 지칭하기 위해서만 사용할 것이다. (부문의 정의는 앞에서 참고하기 바란다.) 지속되는 분석에서 우리는 **도출 사항**(dérivés)에 대하여 말할 것이다. 그러므로 위계는 도출 사항을 가지고 있는 부류이다. 텍스트가 음절군으로 분석되고, 음절군은 음절로 분석되며, 음절은 음절의 부분으로 분석되는 것을 받아들인다면, 이러한 경우 음절은 음절군의 도출 사항이고, 음절의 부분들은 음절군과 음절의 도출 사항이다. 달리 말하자면, 음절의 부분들은 음절의 부문(부분들)이지만 음절군의 부문은 아니며, 음절은 음절군의 부문들(부분들)이지만 분석의 어떤 다른 결과물들의 부문은 아니다. 정의하자면, 우리는 하나의 동일한 연역법 내에서 부류의 부문과 부문의 부문을 한 부류의 도출 사항으로 이해할 것이다. 부류는 그 도출 사항을 포함하고, 도출 사항은 부류 **안에** 들**어간다**고 말하자. 우리는 도출 사항들이 최하위의 공통 부류에 의존하게 하는 부류의 수를 도출 사항의 등위로 이해할 것이다. 수가 0이면 첫째 등위의 도출 사항이고, 수가 1이면 둘째 등위의 도출 사항이며, 그렇게 계속될 것이다. 음절군이 음절로, 그리고 음절들은 음절의 부분으로 분석된다는 예에서, 음절들은 음절군의 첫째 등위의 도출 사항이 되고, 음절의 부분들은 음절의 첫째 등위에서 도출된 사항과 음절의 둘째 등위에서 도출된 사항들이다. 그러므로 **첫째 등위의 도출 사항과 부문은 동등한 사항이다.**

11

기능

분석의 조건들을 충족시키는 의존성을 **기능**이라 칭하고자 한다. 그래서 부문들 사이(부분과 구성사)에 상호적 기능이 있듯이, 부류와 부문 사이(연쇄와 그 부분들, 계열체와 그 구성사들)에도 기능이 있다고 말할 것이다. 다른 대상들과 관련하여 한 기능을 가지고 있는 대상을 기능소로 이해함으로써 기능을 지닌 사항들을 그 기능의 **기능소**(fonctif)라고 부를 것이다. 기능소는 그 기능을 **담당한다**. 정의에 따르면, 기능들 사이에서도 기능이 있을 수 있기 때문에 기능들은 기능소가 될 수 있다. 그러므로 부분들이 그들 사이에 있는 기능과, 연쇄 및 그 부분들에 부과된 기능 사이에는 하나의 기능이 존재한다. 기능이 아닌 기능소를 **규격**(grandeur)이라 부를 것이다. 우리가 이미 다루었던 경우를 보면, 음절군·음절과 음절의 부분들이 규격들이다.

우리는 본 저서에서 논리-수학적인 의미와 언어학을 포함하는, 모든 과학에서 중요한 역할을 담당하는 어원적 의미의 중간 의미로 **기능**이라는 용어를 채택하였다. 우리가 기능이라는 용어를 통해 이해하는 의미는 엄격히 논리-수학적 의미에 가깝지만, 결코 그것과 동일하지는 않다. 우리가 언어학에서 필요로 하는 중개적 개념이라고 해야 정확할 것이다. 규격은 한 텍스트 또는 한 체계의 내부에서 주어진 기능을 갖는다고 말할 수 있고, 논리-수학적 사용에 접할 수 있다. 다음과 같이 부연 설명할 수 있겠다. 첫째, 고려된 규격은 다른 규격들과 의존성들

또는 관계들을 유지함으로써 몇몇 규격들은 다른 규격들을 전제로 한다. 둘째, 어원적 의미대로 이 규격은 주어진 방법으로 기능하고, 특별한 역할을 수행하며, 연쇄에서 구체적인 '위치'를 차지한다. 어떤 의미에서 기능이란 용어의 어원적 의미는 실재론적 정의라고 말할 수 있는데, 어원적 의미는 그것이 환원될 수 있는 형식적 정의의 전제들보다 더욱 많은 전제들을 암시하기 때문에, 그 실재론적 정의를 명시하거나 정의 체계 안에 넣는 것을 피하려 한다.

기능이라는 기술(技術)적인 용어를 채택하면서, 우리는 전통적인 사용의 중의성을 피하기를 원한다. 왜냐하면 전통적인 사용에서 이 용어는 두 사항간의 관계를 지칭하거나, 한 사항이 다른 사항의 기능이 될 경우에는 이 사항들 가운데 하나 또는 둘 모두를 지칭하기 때문이다. 우리가 기능소라는 기술적인 용어를 제안하고, 기능소는 **다른 기능소와 관련하여 하나의 기능을 갖는다**는 공식을 선호하면서, 기능소가 다른 기능소의 '기능'이라고 말하는 바를 피했던 것은 이러한 중의성을 배제하기 위함이다. 우리가 기능이라는 용어의 전통적인 사용에서 비난하는 중의성은, 전통적인 용어 가운데 기능의 특별한 종류를 지칭하는 용어들에서 흔히 발견된다. 예를 들어 régime(보어)는 rectio(제사(制辭))와 regimen(지배어)를 동시에 의미한다. 같은 중의성을 **전제**(présupposition)라는 용어에서도 찾아볼 수 있는데, 이 용어는 기능과 기능소를 지칭하기 위하여 사용되기도 한다. 이러한 개념의 중의성은 기능류의 실재론적 정의 뒤에 숨어 있으며(9장 참고) 그 때문에 형식적인 정의에서 배제되어야 한다. **의미 작용**(signification)이라는 용어가 또한 그 예이다. 그것은 지시하는 것뿐만 아니라 지시된 것까지에도 동시에 사용되기 때문이다. 따라서 이 용어는 많은 점을 고려할 때 모호하다고 말해야 할 것이다.

우리는 이제 랑가쥬 이론에서 필요하다고 예측되는 다양한 기능류들을 체계적으로 대략 설명하고, 동시에 지금까지 우리가 운용적으로만 소개했던 기능의 형식적인 정의를 제시할 것이다.

한 기능소와 관련하여 기능을 갖는 기능소의 존재가 필수 조건인 한 기능소를 **불변항**(constante)이라 한다. 반대로 한 기능소와 관련하여 기능을 갖는 기능소의 존재가 필수 조건이 아닌 기능소를 **가변항**(variable)이라 한다. 이 정의들은 **존재·필요성·조건**과 같은 특별하지도 않고 정의내릴 수도 없는 개념들, 즉 기능과 기능소의 정의에 따른 것이다.

이를 토대로 하여 우리는 **상호 의존성**을 두 불변항 사이의 기능으로, **한정**을 한 불변항과 한 가변항 사이의 기능으로, **점멸**을 두 가변항 사이의 기능으로 정의할 수 있다.

몇 가지 경우에서 우리는 두 종류의 기능인, 그의 기능소들 가운데 하나가 불변항인 상호 의존성과 한정을 합하여 부를 명칭이 필요할 것이다. 우리는 그것을 **응집성**(cohésion)이라 부를 것이다. 우리는 또한 한 종류의 기능소를 갖는, 즉 불변항만을 연결하는 상호 의존성과 가변항만 연결하는 점멸을 합하여 부를 명칭이 필요한데, 이를 **쌍무성**(réciprocité)이라고 부를 것이다. 한정과는 반대로 이 두 기능들은 '방향 유도'가 되지 않음을 보여 주는 용어이다.

이러한 '방향 유도'를 이유로(기능소들의 다른 성격에서 오는) 한정(선별성 또는 특이성)의 기능소들을 구별해야 한다. 불변항을 **피한정사**(선별된 것 또는 **특이화된** 것), 한정의 가변항을 **한정사**(선별하는 것 또는 특이화하는 것)라고 부를 것이다. 따라서 한정의 다른 기능의 존재가 필수 조건인 기능소는 다른 기능소에 의하여 한정된다(선별된다, 특이화된다)고 하고, 다른 기능소의 존재에 필수 조건이 아닌 기능소는 다른 기능소를 **한정한다(선별한다, 특이화한다)**라 한다. 반면 쌍무성을 담당하는 기능소들은 같은 이름을 가질 수 있다. 우리는 상호 의존성(연대성·보충성)을 담당하는 기능소를 **상호 기능소**(interdépandant; **연대 기능소**(solidaires), **보충 기능소**(complémentaires))로, 점멸을 담당하는 기능소를 **점멸 기능소**(constellaires)로 부를 것이다. 쌍무성을 담당하는 기능소를 **쌍무적 기능소**(réciproques), 응집을 담당하는 기능소를 **응집적 기능소**(cohésitifs)라 부를 것이다.

세 종류의 기능에 대한 정의를 세우면서, 우리는 기능을 담당하는 두 기능소의 경우만을 예측하였다. 기능이 두 개 이상의 기능소에 의하여 담당될 수 있는 것을 예측할 수 있으나, 이 기능들을 **양방**(bilatérale) 기능들간의 기능처럼 **다방면**(multilaté-rales)으로 간주할 수도 있을 것이다.

랑가쥬 이론을 위한 근원적인 또 다른 구별은 '와······ 와' 기능 또는 '연접'과, '혹은······ 혹은' 기능 또는 '이접'의 구별이다. 이러한 구별을 토대로 과정과 체계가 구별된다. 다시 말해 과정에서, 즉 텍스트에서 기능소들 사이에 '와······ 와'와 접속 또는 공존을 볼 수 있다. 체계에는 반대로 '혹은······ 혹은;' 이접 또는 기능소 사이에 택일이 있다. 다음 예를 살펴보자.

$$r \quad a \quad t$$
$$m \quad i \quad s$$

r와 m, a와 i, t와 s를 차례로 교체하면 rat, ras, rit, ris, mat,

mas, mit, mis와 같이 아주 다른 단어를 얻는다. 이 규격들은 랑그의 과정(텍스트)에 들어가는 연쇄들이다. 반대로 r과 m, a 와 i, t와 s를 둘씩 취한다면 랑그의 체계에 들어가는 계열체들을 이룬다. rat에는 r과 a와 t 사이에 연접, 공존이 있다. 우리가 '실제로' 보듯이 r과 a와 t가 동시에 존재한다. 마찬가지로 mis에서도 m과 i와 s의 연접 또는 공존이 있다. 그러나 r과 m 사이에는 이접·택일이 있고, '사실' 우리 눈에 보이는 것은 r 또는 m이다. 같은 식으로 a와 i 사이에, 그리고 t와 s 사이에 이접 또는 택일이 있다.

한 마디로 과정(텍스트)과 언어적 체계에 들어가는 것은 동일한 규격들이라고 말할 수 있다. 단어 rat의 부분(도출 사항)으로 간주되면 r은 과정에 들어가고, 그 결과 접속에 들어가는 반면, 다음과 같은 계열체의 구성사(도출 사항)로 간주되면

r

m

r은 체계 안에 들어가고, 따라서 이접에 들어간다. 과정의 관점에서 r은 부분이고, 체계의 관점에서 r은 구성사이다. 이와 같이 구별되는 관점에서 상이한 두 대상들의 존재를 파악할 수 있다. 왜냐하면 기능적인 정의는 관점에 따라 다양하기 때문이다. 그러나 구별되는 두 기능적인 정의를 합하거나 더 나누더라도, 우리는 '동일한' r을 다룬다고 말할 수 있다. 랑그의 모든 기능소는 과정과 체계에 동시에 들어간다고 말할 수 있고, 이러한 측면에서 모든 기능소는 연접(또는 공존)의 관계와 이접(택일)의 관계를 동시에 담당한다고 말할 수 있다. 연접되었나 또

는 이접되었나, 공존하는가 또는 택일하는가 등의 해석은 선택할 관점에 따라 달라질 것이다.

우리의 랑가쥬 이론에서——전통적인 언어학과는 의식적으로 차이를 가지고——모든 중의성을 피하는 용어를 사용하고자 한다. 그렇지만 랑가쥬 이론가는 때때로 용어 때문에 당혹해진다. 다음과 같은 경우에 그러하다. 우리는 사항에 대한 논리적 용어를 받아들여서 잠시 기능 '와…… 와'를 연접이나 공존이라고 불렀고, 기능 '혹은…… 혹은'을 이접이나 택일(항상 논리적 용어로)이라고 불렀다. 그러나 이러한 명칭들을 계속 사용하는 것은 적절치 못할 것이다. 사실 언어학자들은 매우 다른 어떤 것들을 **연접**으로 이해하고 있다. 전통에 따라, 동일한 방법으로 '품사'를 가리키기 위하여(우리가 그런 식으로 정의하지 않는다 해도) 이 용어를 사용해야 할 것이다. **이접**이라는 용어는 언어학에서는 비교적 널리 사용되었으나, 이는 단지 '혹은…… 혹은'이라는 기능의 개별적 유형을 지칭하기 위함이며, '혹은…… 혹은'의 모든 기능을 위하여 이 용어를 택한다는 것은 혼동과 불신을 조장할 터이다. 끝으로 **택일**은 언어학에 깊이 뿌리내린 용어로서 근절될 수 없을 것이며, 오히려 특수한 기능을 지칭하기 위하여 편리하다. 그 특수한 기능은 주로 압라우트(ablaut)[13]와 움라우트(umlaut)[14] 현상으로서 '혹은…… 혹은' 기능과 밀접한 관계를 맺고 있으며, 실제로 대단히 복잡한 형태이다. 그러므로 일반적으로 '혹은…… 혹은' 기능을 다루기 위하여 **택일**을 선택하는 것은 적합하지 않다. 공존이 분명 이미 사용되었던 용어는 아니지만 이 용어를 굳이 고집하지 않을 것이다. 언어학에서 널리 사용되는 용례에 따라, 실제로 계열체의 구성사 사이에 있는 공존에 대하여 말할 수 있다.

그러므로 우리는 다른 용어들을 찾아야 하고, 가능한 한 이미 존재하는 언어학 용어와 연결하도록 할 것이다. 언어학에서는 계열체의 구성사 사이에 존재하는 기능을 일반적으로 **상관**(co-rrélation)이라고 부른다. 그러므로 '혹은…… 혹은' 기능을 위하여 이 용어를 사용하는 편이 적합할 것 같다. '와…… 와' 기능에 가능한 명칭들 중에서 우리는 논리학에서 보다 더 좁은 의미로 **관계**(relation)라는 단어를 사용할 것이다. 논리학에서 **관계**는 우리가 기능이라는 단어에 주는 의미로 주로 사용된다. 이 용어를 사용한다면 처음에는 어려움이 있을지라도 쉽게 극복될 것으로 보인다.

그러므로 '혹은…… 혹은' 기능을 **상관**[15]으로, '와…… 와' 기능을 **관계**[16]로 이해할 것이다. 우리는 이 기능들을 담당하는 기능소들을 각각 **상관소와 관계소**라고 부를 것이다. 이것을 토대로 하여 우리는 **체계**를 상관적 위계로, **과정**을 관계적 위계로 정의할 수 있다.

그런데 우리가 이미 위에서 본 것처럼(2장 참고) 과정과 체계는 기호론적인 대상들에게만 특별히 적용될 수는 없는 매우 일반적인 개념들이다. 우리는 기호론적인 과정과 체계의 편리하고 전통적인 명칭들을 **통합장과 계열장**이라는 용어에서 발견한다. 우리는 우리의 유일한 관심사인 구어체의 자연 언어와 관련하여 더욱 간결한 용어들을 사용할 수 있다. 여기서 우리는 과정을 **텍스트**, 체계를 **랑그**라고 부를 것이다.

과정과 과정의 기초를 이루는 체계는 상호적인 기능을 담당하는데, 선택된 관점에 따라 그 기능은 관계 혹은 상관처럼 생각될 수 있다. 이러한 기능에 관한 세밀한 연구를 통하여 그 기능은 체계가 불변항인 한정임을 쉽게 보여 준다. 다시 말해 **과**

정은 체계를 한정한다. 외부에서 본 과정이 훨씬 더 직접적으로 관찰될 수 있다는 점이 중요한 것은 아니며, 반대로 체계는 우선 과정과 '연결되어야' 하고, 그 과정을 통하여 한 절차로부터 체계를 '발견해야' 한다. 이러한 이유로 예비적인 절차 때부터 즉시 체계가 나타나지 않는 한, 그것을 단지 간접적으로만 알 수 있을 것이다. 이러한 상황에서 과정은 체계 없이 존재할 수 있지만 그 역은 성립되지 않는다고 생각할 수 있다. 그러나 중요한 것은 체계의 존재가 과정의 존재에 필수 조건이라는 점이다. 과정은, 과정을 제어하고 그것의 가능한 형성을 명확히 하는 내재적 체계만을 근거하여 존재한다. 용어의 원래 의미로 설명될 수 없기 때문에, 우리는 과정의 기초인 체계를 가지지 않은 과정을 상상할 수 없을 것이다. 반대로 체계는 과정이 없어도 허용될 수 있다. 체계의 존재는 과정의 존재를 전제하지 않는다. 체계는 과정에 근거해서 존재하지 않는다.

그러므로 언어가 텍스트의 기초를 이루지 않고 텍스트를 갖는 것은 불가능하다. 반대로 언어는 이 언어 내에서 만들어진 텍스트 없이도 존재할 수 있다. 그것은 대응하는 어떤 과정이 이미 실현되지 않았을지라도, 이러한 언어는 가능한 체계처럼 랑가쥬 이론에 의해 예측된다는 점을 말한다. 텍스트의 과정은 잠재적이다. 이러한 지적을 통해 우리는 **실현화**를 정의해야 한다.

모든 대상에 대하여 운용이 실행될 수 있다고 한다면, 우리는 주어진 결과를 갖는 운용을 **보편적 운용**이라 부를 것이다. 그리고 그 결과들을 **보편적** 결과라고 부를 것이다. 반대로 모든 대상이 아니라 오직 주어진 대상에 대하여 운용이 실행될 수 있을 때 그것을 **개별적 운용**이라 부를 것이고, 그 결과들을 **개별적** 결과라고 부를 것이다. 그러므로 작업이 **개별적** 분석의 대상이

될 수 있을 때 부류에 대한 운용이 **실현되었다**고 말할 수 있고, 그 반대 경우에는 운용이 잠재적이라고 말할 수 있다. 그래서 우리는 형이상학적 강요에서 우리를 지키고, **실현화**라는 것을 필요 충분하게 고정시키는 형식적 정의를 얻었다고 생각한다.

이론을 통하여 가능한 것으로 예측된 언어(체계)만이 존재한다면, 그러나 체계에 따라 자연적이든 이론가에 의하여 만들어 졌든간에 대응하는 어떤 텍스트(과정)도 존재하지 않는다면, 이러한 텍스트들의 존재에 대한 가능성은 단언될지라도 우리는 그것을 개별적 분석의 대상으로 삼을 수는 없을 것이다. 그러므로 이 경우에 텍스트는 잠재적이라고 말할 것이다. 그러나 순수하게 잠재적인 텍스트는 정의의 의미에 따라 실현된 언어 체계를 전제한다. 실재론적 관점에서 이러한 상황은 과정이 체계보다 더욱 '구체적인' 성격을 가지고 있으며, 체계는 과정보다 더욱 '폐쇄된' 성격을 지닌다는 사실에서 온다.

9장에서 소개된 기능들의 세밀한 분석에 근거하여, 우리는 우리가 예측한 기능들의 종류를 도표로 제시함으로써 끝을 맺으려 한다.[17)]

	기 능		관 계	상 관
응집성	┌ 한 정		선별화	특이화
	└ 상호 의존		연대성	보충성
쌍무성	점 멸		결 합	자 율

12

기호와 형상소

우리는 연역법에서 비롯되는 규격들의 개별성을 주목할 수 있다. 우리는 당분간 한 구문은 단 하나의 절로 구성될 수 있고, 절은 하나의 단어로 구성될 수 있다고 말할 것이다. 이러한 특징은 다양한 텍스트들에서 나타난다. 라틴어의 명령문에서 Ī (가라!) 또는 프랑스어의 감탄사 oh에서 동시에 하나의 구문·절·단어로 생각할 수 있는 규격을 본다. 이 경우에 또한 음절의 한 부분이 한 음절을 이룬다.(중심 부분, 9장 참고) 분석할 때 이러한 가능성을 고려해야 할 것이다. 이를 위하여 절차의 미숙한 단계에서 주어진 규격의 최종 분석을 금지하는, 그리고 주어진 조건에서 몇몇 규격들을 한 단계씩 손상되지 않게 이행토록 하는 '전달 규칙'을 도입하는 것이 적절하다. 그래서 동일한 등위의 규격들이 분석에 사용될 것이다.

각 개별 분할에서 우리는 동일한 관계들, 다시 말해 연쇄 내에서 동일한 '위치'를 차지할 수 있는 규격들의 목록을 만들 수 있을 것이다. 예를 들어 우리는 주어진 위치에 삽입될 수 있는 모든 절들의 목록을 작성할 수 있다. 어떤 조건에서 이것은 모든 주절과 모든 종속절의 목록을 만들도록 할 것이다. 주어진 기능을 가진 모든 단어, 모든 음절, 음절의 모든 부분들의 목록 또한 만들 수 있다. 어떤 조건에서, 이것은 중심적 음절의 모든 부분들의 목록을 만들도록 할 것이다. 이러한 목록을 작성하기 위하여 철저성의 요구는 필요하다. 이것은 연쇄에서 하나의 동일한 위치를 차지할 수 있는 규격들의 한 유형의 기능을 드러나게 한다.

연역법의 서로 다른 단계에서 그렇게 끌어낸 목록을 비교해 보면, 분석 절차가 진전됨에 따라 목록의 수가 줄어든다는 것은 놀라운 일이다. 텍스트가 무한할 때, 다시 말해 마치 살아 있는 언어의 경우처럼 우리가 끊임없이 텍스트에 추가할 수 있을 때, 구문·절·단어의 수는 무한할 수 있다. 연역법이 이루어지는 동안에, 어느 시점에 도달하면 우리는 목록화된 규격들의 수가 제한되어 있는 지점을 만나고, 그때부터 그 수는 일반적으로 줄어든다. 그러므로 한 언어에서 음절의 수가 상대적으로 많을지라도 그 수는 제한되어 있다. 우리가 음절을 중심 부분과 주변 부분으로 나눌 수 있을 때, 이 부류의 구성사의 수는 그 언어의 음절수보다 적을 것이다. 음절의 부분들을 계속 나누어 마지막으로 얻는 규격은 상용되는 용어로 음소라 불린다. 모든 언어에서 그 숫자는 상당히 적어서 두 자릿수로 표시될 수 있을 것이다. 많은 언어에서 그 수는 20개까지 내려갈 수 있다.

지금까지 관찰된 모든 언어들에서 귀납적으로 주장된 바 있는 이 사실은 알파벳 발명의 토대가 된다. 실제로 제한된 목록이 없었다면, 텍스트 과정의 기저를 이루는 체계의 간결하고 철저한 기술을 가능케 하는 랑가쥬 이론의 목적에 도달할 수 없을 것이다. 분석하는 동안 제한된 어떤 목록도 가능하지 않았다면 철저한 기술을 할 수 없을 것이다. 게다가 목록이 분석의 마지막 단계에서 제한될수록 경험주의 원칙에 따른 간결한 기술에 대한 요구에 더욱더 충족될 것이다. 그러한 이유로 랑가쥬 이론은 선사 시대 이래로 문자의 발명을 주재하였던 다음과 같은 생각에 대한 실행 가능성을 매우 중요하게 다룬다. 그것은 최소의 범위와 가능한 한 가장 적은 수의 규격에 도달하는 분석을 하려는 생각이다.

앞의 두 관찰에 따르면, 한편으로는 규격들이 때때로 다른 등위의 어떤 규격과 같은 범위에 속할 수 있고, 다른 한편으로는 절차가 진행될수록 목록은 점점 제약됨으로써 초기에는 무한하지만 점점 그 수는 제한된다. 그러므로 이러한 관찰들은 우리가 랑가쥬를 **기호의 체계**로 간주하고자 할 때 중요성을 지닌다.

랑가쥬가 기호의 체계라는 것은, 그 출발부터 이론이 고려해야 하는 분명하고 기본적인 명제인 것처럼 보인다. 이러한 명제와, 특히 기호에 부여해야 하는 의미에 관하여 말하자면 의미를 결정하는 것은 그것이 속한 랑가쥬 이론에 있다. 당분간 우리는 전통적이고 실재론적인 명확치 않은 정의에 만족해야 한다. 이 정의에 따르면 하나의 '기호'(뒤에서(66쪽), **기호의 표현**에서 다루어질 용어 구별을 미리 언급하였다)는 무엇보다도 어떤 다른 것의 기호, 즉 우리가 가장 먼저 관심을 가지는 개별성이다. 왜냐하면 이 정의는 '기호'가 기능으로 정의된다고 말하고 있기 때문이다. 하나의 '기호'는 기능하고, 지칭하고, 의미한다. 비기호와 대립하며, '기호'는 의미 작용을 갖는다.

우리는 이러한 사실을 고려하고, 불안정한 기반이긴 하지만 랑가쥬는 '기호'의 체계라는 명제가 어떤 측면에서 사실인지를 결정하고자 한다.

초기 단계들에서 텍스트 분석의 시도는 이 명제를 전적으로 확인하는 것 같다. 구문·절·단어와 같은 규격들은 설정된 조건을 충족시키는 것 같다. 규격들은 의미 작용을 지님으로써 '기호'이다. 따라서 분석에서 만들어질 목록은 기호들의 과정의 기초를 이루는 기호의 체계를 얻게 한다. 가장 철저하고 가장 간결한 기술을 얻기 위하여 분석 또한 가능한 한 깊이 이루어져야 할 것이다. 단어에 대한 전통 언어학의 깊은 관심을 통해 추측할 수 있듯이 단어들은 랑가쥬의 축소될 수 없는, 마지막 단계의 기호가 결코 아니다.

단어들은 모두 의미 작용을 소지한 부분들, 즉 어간·파생 접미사·굴절 어미로 분석된다. 이에 따라 몇몇 언어들은 다른 언어들보다 더 계속되어 분석될 수 있다. 라틴어의 어미 -ibus는 더욱 작은 범위의 기호로 분해될 수 없다. 그것은 격과 수의 의미를 동시에 지닌 하나의 기호이다. magyaroknak(magyar의 '헝가리의')에서 헝가리어 복수 대격 어미는 복수 표시인 기호 -ok와 대격 표시인 기호 -nak로 형성된 복합 기호이다. 파생 접미사와 굴절 어미가 없는 언어들이 존재하고, 이런 것들이 있는 언어 안에서도 어간만 갖는 단어들이 있을 수 있다는 사실 때문에 분석은 아무 영향도 주지 않는다. 어떤 규격은 때때로 상위 등위의 규격과 동일한 범위에 속할 수 있고, 그래서 운용에서 운용으로 아무런 손상 없이 전달되어야 한다는 점을 상기한다면 이 사실로 난감해할 필요는 없다. 이러한 이유로 이 분석에도 동일한 특성이 있다. 분석은 분석이 철저하게 규명될 때까지 이루어져야 한다. 우리는 in-dé-com-pos-able-s 같은 프랑스어 단어에서 각각 의미를 지닌 여섯 개의 규격을 구별할 수 있다.

지속적인 분석을 제시할 때, 전통적으로 최소 규격의 '의미'는 전적으로 문맥에 의한 것임을 지적할 필요가 있다. 어떤 최소 규격이나 어근조차도 그것에 어휘적 의미를 일치시킬 수 있다는 식의 '독립적인' 존재는 아니다. 그리고 텍스트에서 기능을 토대로 한 지속적인 분석으로부터 채택한 기본적인 관점에 따르면, 문맥에 의한 의미 작용 외에는 확인할 수 있는 의미 작용이 없다. 모든 규격은, 즉 모든 기호는 절대적이 아닌 상대적인 방법으로 정의된다. 다시 말해 문맥 안에서 그들의 위치에 의해서만 정의된다. 그러므로 전적으로 문맥에 의한 의미와 모든 문맥에서 벗어나 존재할 수 있는 의미, 또는——옛 중국 문법 학자들처럼——'빈' 단어와 '가득 찬' 단어를 구별하는 것은 모순이다. 어떤 기호들의 소위 어휘적이라 하는 의미는 인위적으로 고립된 문맥 의미이거나 환언된 의미일 뿐이다. 어떤 기호도 문맥에서 벗어나 의미 작용을 취하지 않는다. 기호의 의미는 문맥에서 발생하며, 이 문맥은 우리가 상황의 문맥 또는 명시된 문맥으로 이해하는 것과 같다. 사실 무한하거나 생산적인 텍스트에서(예를 들어 활용 언어) 상황의 문맥은 항상 명시될 수 있다. 그러므로 실사가 전치사보다, 한 단어가 파생 접미사나 굴곡 어미보다 더 많은 의미를 지녀야 한다고 생각하는 것을 경계해야 한다. 경우에 따라서는 다른 의미뿐만 아니라 의미의 여러 유형이 문제될 수 있다. 우리는 모든 경우에서 정확히 동일한 상대적 타당성을 가지고 의미에 대하여 말할 수 있다. 전통 의미에서 의미가 더욱 세밀히 분석해야 할 불명확한 개념이라는 사실은 아무런 도움도 되지 않는다.

우리가 기호의 표현 분석을 철저히 추진했다 할지라도, 귀납적 경험은 알려진 모든 언어들에서 나타나는 규격들이 더 이상 의미를 지니지 않고, 더 이상 기호의 표현체가 아닌 표현 분석의 단계에 이르게 됨을 보여 준다. 음절과 음소는 기호의 표현이 아니고, 단지 기호의 표현의 부분일 뿐이다. 기호의 표현, 즉 단어 또는 접미사의 표현이 하나의 음절 또는 하나의 음소로 이루어질 수 있다는 것은 음절과 음소가 기호의 표현이라는 점을 의미하는 것이 아니다. 어떤 관점에서 in-dé-com-pos-able-s의

s는 한 기호의 표현이며, 다른 관점에서 보면 그것은 음소이다. 이 두 관점으로 두 가지 다른 대상을 확인하게 된다. 우리는 s라는 기호 표현이 하나의 음소로 이루어졌다고 도식화할 수 있지만, 그것은 기호 표현을 음소와 동일시하는 바와는 다를 것이다. 사실 음소는 그것이 기호의 표현으로 사용되지 않는 또 다른 결합 내에 들어간다. (단어 sur에서처럼.)

이러한 주목에 따라 우리는 '기호'로의 분석을 포기하고, 내용과 표현의 두 분석은 각각 상반된 측면의 규격들과 반드시 짝지어지지 않는 제한된 수의 규격들을 끌어내기 때문에, 우리의 원칙들에 일치된 기술은 따로 분석되어야 한다.

기호와 비기호의 목록간의 상대적인 경제성은 랑가쥬의 궁극적인 목적에 완전히 부합한다. 그 궁극성에 의하면 랑가쥬는 무엇보다도 기호의 체계이다. 이러한 궁극적 목적을 만족시키기 위하여 경제성은 항상 새로운 기호, 새로운 단어, 또는 새로운 어근을 생산할 수 있어야 한다. 그외에도 이러한 무한한 자원에도 불구하고 조작하기 쉬워야 하며, 배우고 사용하기에 편리해야 한다. 이러한 사실은 무한수의 기호가 요구되며, 그 수가 제한되어 있고 극소수인 비기호들의 도움으로 모든 기호들이 형성된다는 조건에서만 실현될 수 있다. 더구나 기호 체계 내에서 기호의 부분인 이러한 비기호들은 편리하고 운용적인 명칭, **형상소**(figures)라고 불릴 것이다. 그러므로 랑가쥬는 새로운 배열을 항상 형성할 수 있는, 제한된 수의 형상소에서 무한한 기호를 형성할 수 있다. 그렇지 않은 언어는 언어의 궁극적인 목적을 충족시킬 수 없을 것이다. 그러므로 형상소의 매우 제한된 수로부터 기호를 구성한다는 데서, 우리는 랑그 구조의 기본적이고 본질적인 특성을 발견하였다고 생각할 수 있다.

랑그는 기호의 단순한 체계로 기술되지는 않을 것이다. 우리가 언어로부터 전제하는 궁극적인 목적은 무엇보다도 기호의 체계이다. 그러나 기호 체계의 내부 구조에 따라 언어들은 기호와는 다른 어떤 것이기도 한데, 즉 기호 형성에 사용될 수 있는 형상소의 체계이다. 그러므로 랑가쥬를 기호의 체계로 정의하는 일은 보다 깊은 고찰에서는 유지될 수 없을 것이다. 랑가쥬의 정의는 언어의 내적 기능이 아닌 랑가쥬의 외적 기능, 즉 언어 외적인 요인들과 언어와의 관계만을 참작한다.

13

표현과 내용

오늘날까지 우리는 기호가 무엇보다도 어떤 것의 기호라고 말하는 오랜 전통에 만족하였다. 그것은 우리의 견해와 일치하는 일반적인 개념이기도 하며, 또한 인식론과 논리학에서 널리 퍼져 있는 개념이기도 하다. 그렇지만 우리는 이제 그 개념이 언어학의 관점에서는 받아들여질 수 없다는 점을 증명하려 한다. 우리의 견해는 이 점에서 현대 언어 이론과 일치한다.

전통 이론에 따르면, 기호는 기호의 외부에 있는 어떤 **내용**의 **표현**이다. 반대로 현대 이론(특히 소쉬르, 그리고 레오 바이스게르버[18])에 의해 형성된)은 기호를 표현과 내용으로 형성된 합체로 이해한다.

이러한 두 이론의 개념 구성 가운데 하나를 선택하는 일은 바로 타당성의 기준에 의한다. 이를 위하여 지금은 기호에 대하여 더 이상 논하지 않을 것이다. 왜냐하면 기호가 무엇인지 알지 못하는 우리로서는 우리가 존재를 확인한 것들, 다시 말해 **표현**과 **내용**이라는 두 규격 사이에 놓인 **기호 기능**(fonction sémiotique)에 대하여 말하기 위하여 기호들을 정의하려고 하기 때문이다. 이러한 근본적인 생각에서, 우리는 기호 기능을 우리가 기호라 부르는 단위의 외적 기능인지 내적 기능인지 결정할 수 있을 것이다.

우리는 기호 기능을 담당하는 기능소를 지칭하기 위하여 **표현**과 **내용**이라는 용어를 택하였다. 이것은 순전히 운용적이고 형식적인 의미이다. 이러한 생각에서 우리는 **표현**과 **내용**이라는 용어에 더 이상 다른 어떤 것도 추가하지 않는다.

　기능과 그 기능소들(의 부류) 사이에는 항상 연대성이 있을 것이다. 우리는 연대성의 사항들을 도외시하고는 기능을 생각할 수 없으며, 그 사항들 자체는 기능의 극점일 뿐이고, 그래서 기능 없이는 허용될 수 없으며 하나의 동일한 규격이 다양한 여러 기능들을 교대로 담당하고, 이 기능들에 의하여 선별된 것으로 생각할 수 있다면 그것은 한 기능소에 관련되는 것이 아니라 여러 기능소와 관련된 것이다. 여러 기능소들은 기능에 따라 다양한 대상이 되고, 그 기능으로부터 우리는 대상들을 생각한다. 다른 관점에서 규격에 속하고(부분들이 담당하는) 그 규격을 세우는 기능들을 생각할 때, 그것은 또한 '동일한' 규격에 대하여 말할 수 있다. 기능의 여러 계열이 하나의 동일한 기능을 맡을 때, 그것은 기능과 이 기능소들의 집합 사이에는 연대성이 있음을 의미하며, 그 결과 각각의 기능소는 기능을 선별한다.

　기호 기능과 그의 두 기능소인 표현과 내용 사이에도 역시 연대성이 있다. 이 두 기능소가 동시에 존재하지 않는다면 기호 기능은 있을 수 없고, 마찬가지로 표현이 없는 내용과 내용이 없는 표현은 그것들을 결합하는 기호 기능 없이는 결코 존재할 수 없을 것이다.

　기호 기능은 그 자체로 하나의 연대성이다. 다시 말해 표현과 내용은 연대적이며, 반드시 서로를 전제한다. 표현은 그것이 어떤 내용의 표현일 때만 표현이고, 내용은 그것이 어떤 표현의 내용일 때만 내용이다. 그것들을 인위적으로 떼어 놓지 않는 한 표현이 없는 내용과 내용이 없는 표현이 존재한다는 것은 불가능하다. 우리가 말하지 않고 사고한다면 사고는 언어적 내용이 아니며, 사고는 기호 기능의 기능소가 아니다. 우리가 연속된 소리를 발성하면서 생각 없이 말하여 청자가 내용을 결부시킬 수 없다면, 그것은 언어적 표현이 아닌 주문(呪文)이며, 기호 기능의 기능소 또한 아닐 것이다. 물론 내용의 결여와 의미의 결여를 혼동해서는 안 된다. 표현의 내용은 계속 내용이면서 어떤 관점에서는(예를 들어 규범논리학이나 물리주의 관점에서) 의미가 결핍된 것으로 완전히 특징지어질 수 있다.

텍스트 분석에서 기호 기능을 고려하지 않는다면, 우리는 기술을 세우는 기능들을 준수하면서 기호의 경계를 정할 수 없을 것이며, 텍스트의 철저한 기술을 할 수 없어서 경험적인 기술은 절대로 불가능할지도 모른다.(9장 참고) 결국 우리는 분석의 기반으로 사용될 수 있는 객관적인 기준을 가지지 못할 수도 있다.

기호 기능의 성격을 분명히 밝히려는 목적에서, 소쉬르는 기호 기능을 접어두고 표현과 내용을 생각하였다. 그가 파악한 것은 다음과 같다.

"사고는 그 자체로 취해져서 아무것도 필연적으로 경계지어지지 않은 성운과 같은 것이다. 미리 설정된 관념은 없으며, 랑그의 출현 이전에 판명적인 것은 아무것도 없다. 음의 본질은 고정적이지도 엄격하지도 않다. 그것은 사고가 형태와 필연적으로 결합되어야 하는 틀이 아니라, 사고에 필요한 시니피앙들을 제공하기 위한 판명적 부분들로 나누어지는 조형적인 재질이다. 그러므로 우리는(……) 랑그를(……) 혼동된 관념들의 무한한 측면(……)과, 음의 그만큼 한정되지 않은 측면(……)에서 동시에 윤곽이 그려진 일련의 인접한 하위 분리라고 제시할 수 있다. 랑그는 두 개의 무정형 덩어리 사이에서 구성되어 단위들을 다스린다(……). **이 결합은 본질이 아니라 형태를 생산한다.**"[19]

　그러나 이러한 교육적인 경험은 별탈없이 도식화하였지만 실제로는 의미가 결여되어 있으며, 소쉬르 자신도 그것을 생각하였어야 했다. 시간 질서나 위계 질서는, 그렇다 할지라도 필연적이 아닌 추론을 피하는 과학에서는 아무것도 '내용의 본질'(사고) 또는 '표현의 본질'(음 연쇄)을 랑그 앞에 놓지도 않으며, 반대로 뒤에 놓지도 않는다. 소쉬르의 용어를 빌리자면, 본질은 전적으로 형태에 좌우되고 우리는 어떤 의미로도──정확히 말해 그 여건에 따라──독립적인 존재를 형태에 부여할 수 없다는 점을 생각해야만 한다.

　반대로 검증된 것으로 나타나는 경험은 취급하는 랑그의 수가 아무리 많더라도, 서로 다른 여러 언어를 비교하고 모든 랑그에 공통적인 것을 끌어내는 것으로 이루어진다. 기호의 기능과 그로부터 추론할 수 있는 모든 기능을 가지는 구조의 원칙──그 자체로 당연히 모든 랑그들에 공통적이지만 그 실행은 각 랑그들에서 다른 원칙──을 추상화한다면, 우리는 이 공통적인 요소가 랑그의 구조 원칙과 랑그들을 서로 다르게 하는 모든 요소들에다 규격을 연결하는 기능에 의해서만 정의되는 규격이라는 점을 발견한다. 이 공통 요소를 우리는 **의미**라고 부를 것이다.

　우리는 여러 랑그들에서 다음과 같은 연쇄들이 그들의 차이점에도 불구하고 한 공통 요소를 갖는다는 것을 알 수 있다.

　　jeg véd det ikke　　　　　(덴마크어)

I do not know	(영어)
je ne sais pas	(프랑스어)
en tiedä	(핀란드어)
naluvara	(에스키모어)

　공통 요소는 외적인 기능, 즉 각각의 절과 함께 갖는 기능에 의해서만 정의됨으로써 분석되지 않는 규격인 무정형의 덩어리처럼 일시적으로 드러나는 의미, 즉 사고 자체이다. 의미는 여러 관점에서 분석될 수 있고, 다른 분석들은 다른 대상들의 수만큼 의미를 나타낸다고 생각할 수 있을 것이다. 논리적인 관점, 또는 심리적인 관점에서 의미를 분석할 수 있을 것이다. 각 언어에서 의미는 제각기 개별적인 방법으로 분석되어야 한다는 것인데, 그것은 의미가 랑그들에 따라 다른 방법으로 정렬되고 분절되고 형성된다는 것이다.

　예를 들어 덴마크어에는 우선 jeg('나'), véd('알다' ——직설법 현재), 그리고 목적어 det('그것을'), 끝으로 부정사 ikke가 있다.

　영어에는 우선 '나' 그리고 덴마크어에는 자율적 존재가 아닌 동사의 개념이 오고, 그 다음에는 부정사, 끝에는 '알다' 라는 개념이 온다. (그러나 프랑스어의 직설법 3인칭 단수 'sais' 와 대응하는 것은 없고, 목적어도 없다.)

　프랑스어에는 우선 **나** 다음에 부정사가 오고(그렇지만 덴마크어와 영어의 부정사와는 다르다. 왜냐하면 프랑스어의 부정사가 항상 부정의 의미는 아니기 때문이다) 그 다음 **알다**, 그리고 부정사라 불리기도 하지만 또한 '발자국(pas)' 을 의미할 수도 있는 흥미있는 기호가 온다. 그리고 영어처럼 목적어가 없다.

핀란드어에는 우선 'je-non(나-아니다)'를 의미하는 동사가 오고(정확히 말해 '아니다-나'이며, '나'라는 기호는 두번째로 온다. 이 언어에서 부정사는 인칭과 수 표적을 갖는 동사이다. 예를 들어 en은 '나-아니다,' et는 '너-아니다,' ei는 '그-아니다,' emme은 '우리-아니다' 등등), 그리고 '알다'의 개념은 다른 결합에서는 명령을 의미하는 형태를 지닌다. 핀란드어에도 역시 목적어가 없다.

에스키모어에서는 '아니다-아는-이다-나-그것을,' 다시 말해 일인칭 주어의 접미사와 삼인칭 목적어의 접미사를 가진 nalo '무지'의 파생된 동사가 온다.[20]

그러므로 언어 연쇄에서 얻을 수 있는 '무형의' 의미는 각 언어에서 다른 방법으로 형태를 취한다. 각각의 언어들은 다른 질서에서 다른 요소들을 사용하여 '사고의 무정형 덩어리' 내에 그 경계를 설정하며, 다르게 무게 중심을 놓고, 무게 중심에 다른 초점을 부여한다. 그것은 마치 한 줌의 모래알이 다른 그림들을 만드는 것 같고, 또는 햄릿의 눈에 매순간 형태가 변하는 하늘의 구름처럼 보이는 것과 같다. 같은 한 줌의 모래가 서로 닮지 않은 그림을 그릴 수 있고, 같은 구름도 끊임없이 새로운 형태를 만들어 가는 것처럼 그것은 동일한 의미가 여러 다른 언어에서 다르게 형성되고, 또는 구조화된다는 사실과 같다. 기호 기능과 여기서 비롯된 기능들인 랑그의 기능들만이 언어의 형태를 결정한다. 의미는 매번 새로운 형태의 본질이 되고, 어떤 형태의 본질이 되는 것 이외에 가능한 다른 존재를 가지지 않는다.

그러므로 우리는 언어 **내용**의 그 과정에서 하나의 특이한 **형태**, 즉 **내용의 형태**를 인정한다. 내용의 형태는 자의적 관계에 있는 의미와는 독립적이며, 그 의미를 내용의 본질로 변형시킨다.

내용의 체계에 대해서도 역시 사실이라는 것을 쉽게 이해한다. 한 언어의 계열체와 다른 언어에서 이에 대응하는 계열체는 동일한 의미 구역을 가리킬 수 있고, 그 의미 구역은 이 언어들과 분리되었을 때는 무정형이고 분석되지 않은 연속체를 구성하며, 이 안에서 경계들은 언어 형성을 통해서 자리를 잡게 된다고 말할 수 있다.

여러 다른 언어들의 색깔 명칭으로 이루어진 계열체 이면에서, 우리는 차이를 제거함으로써 무정형의 연속체를 끌어낼 수 있다. 예를 들어 각 언어는 자의적으로 색깔의 스펙트럼의 경계를 세울 수 있다. 의미 구역이 현재 유럽의 주요 언어들에서 거의 같은 식으로 이루어진다 하더라도 다른 형태화를 발견하는 것은 어렵지 않다. 웨일즈어에서 '초록색'은 부분적으로 gwy-rdd와 부분적으로 glas이며, '파란색'은 glas와 대응하고, '회색'은 glas 또는 llwyd에 '갈색'은 llwyd와 대응한다. 그것은 프랑스어의 초록색에 해당되는 스펙트럼의 영역이 웨일즈어에서는 프랑스어의 파란색에 포함되는 구역에 부분적으로 관련되는 선을 통과하고, 프랑스어의 초록색과 파란색의 경계를 웨일즈어에서는 찾을 수 없다. 또한 파란색과 회색을 가르는 경계는 웨일즈어에서 찾을 수 없고, 마찬가지로 프랑스어에서 회색과 갈색을 대립시키는 경계 또한 찾을 수 없다. 그 대신 프랑스어에서 회색으로 나타난 부분은 웨일즈어에서는 둘로 나누어지고, 그러한 방법으로 절반은 프랑스어의 파란색과 다른 절반은 프랑스어의 갈색과 관련된다. 경계들의 비일치성을 다음과 같은 체계적인 도표를 통하여 쉽게 이해할 수 있을 것이다.

초록색	gwyrdd
파란색	glɑs
회 색	
갈 색	llwyd

색깔 분야에서 라틴어와 그리스어 역시 주요 현대 유럽어와
는 다르다.

여러 언어에서 '옅은 색감'과 '짙은 색감'은 세 가지 영역, 즉
흰색·회색·검정색으로 나누어 쓰이지만, 또 다른 언어에서는
회색의 중간 영역이 없거나 반대로 회색 영역을 보다 세분하여
사용하기도 한다.

형태소들의 계열은 비교할 만하다. 수의 구역은 언어가 단수
와 복수만을 구별하는지, 언어가 여기에다 쌍수(고대 그리스어
와 리투아니아어처럼) 또는 소수(小數)를 추가하는지에 따라 다
른 방법으로 분석된다. 후자의 경우 세 개를 한 묶음으로 세거나,
triel(민다나오와 세레브 사이에 있는 군도에서 사용되는 서인도네
시아어인 상기어에서, 그리고 오스트레일리아 남부 언어인 쿨랭의
몇몇 방언 등 대부분의 멜라네시아어들처럼) 또는 네 개를 한 묶
음으로 세는(길버트 군도의 미크로네시아어처럼) 경우일 것이다.
시간의 구역은 과거와 현재만 가지고(덴마크어처럼), 현재가 다
른 언어의 미래 구역을 포함하는 언어들(우언법을 제외하고)과
현재와 미래 사이에 경계가 있는 언어들과는 각기 다르게 분석
된다. 따라서 형태화 또한 여러 종류의 과거를 구별하는 언어들
(라틴어, 고대 그리스어와 프랑스어)에서 다르게 나타난다.

동일한 의미권의 내부에서 이와 같이 일치성이 결여되어 있음을 어디서나 찾아볼 수 있다. 예를 들어 덴마크어와 독일어·프랑스어의 대응 관계를 비교해 보자.

træ	Baum	arbre
	Holz	bois
skov	Wald	forêt

우리는 기호 기능이 그의 기능소들 가운데 하나인 내용 안에서 한 형태를 이룬다고 결론내릴 수 있다. 즉 의미의 관점에서 볼 때, 자의적이고 연대적인 기호 기능에 의해서만 설명될 수 있는 **내용의 형태**를 이룬다고 결론내릴 수 있다. 바로 이러한 의미에서 소쉬르가 형태의 본질을 구분한 것은 분명히 옳다.

기호 기능의 두번째 기능소인 표현에 대해서도 같은 지적을 할 수 있다. 예를 들어 여러 영역에 공간적 재현음을 제공할 수 있는 음성-생리학 분야를 생각해 볼 수 있는데, 제퍼슨의 '반알파벳' 도식의 체계[21]를 토대로 아직 분석되지는 않았지만 분석이 가능한 연속체로 제시된다. 경계선이 연속체의 다른 장소에서 이루어지기 때문에 형상소(음소)는 언어에 따라 자의적으로 이러한 무정형권 안에 각인된다. 그래서 언어에 따라 가변적인 수량인 형상소는, 인두에서 입술까지 구강을 상위 부분의 측면에 의해 정의한 연속체에 대해서도 마찬가지이다. 우리가 잘 알고 있는 언어에서 이 구역은 세 부위, 즉 후부 k·중부 t·전부 p로 세분된다. 폐쇄음을 예로 들면, 에스키모어와 라트비아어는 그 경계가 각기 다른 두 부위의 k를 구별한다. 에스키모어는 목젖 부위나 연구개 부위 사이에 경계를 두고, 라트비아어는 연구개 부위와 경구개·연구개 부위 사이에 둔다. 많은 인디언 언어들은 t의 두 부위를 후굴음과 치음으로 구별한다. 또 하나의 분명한 연속체는 모음의 부위에 의해 제공된다. 모음의 수는 언어에 따라 다양한데, 그것의 경계들이 다른 식으로 설정되기 때문이다. 에스키모어는 i 부위, u 부위, ɑ 부위만을 구별한다. 대부분의 언어에서 첫번째 부위는 보다 좁은 i 부위와 e 부위로 나누어지고, 두번째 부위는 보다 좁은 u 부위와 o 부위로 나누어진다. 여러 언어에서 이 각각의 부위는 원순모음(y, ø; u, o)과 평순모음(i, e; ɯ, ɤ; 특히 마지막 두개는 '평음'으로 유럽어에서는 드물며 타물어, 동우랄의 여러 언어들과 루마니아어에서 볼 수 있다)을 분리하는 선에 의해 나눌 수 있다. 그밖에도 i나 u와 동일한 개폐도를 갖는 노르웨이어와 스웨덴어(ʉ)의 원순중설모음, 또는 러시아어에서처럼(ɨ) 평순중설음을 형성할 수 있다. 혀의 절묘한 유동성으로 인하여 랑가쥬가 사용할 수 있는 가능성들은 무한히 크지만, 특징적인 사실은 각각의 언어가 이 무한한 가능성 내에서 고유한 경계를 만들어 놓는다는 것이다.

표현에 있어서 그리고 내용에 있어서 상황은 명백하게 동일하므로, 표현이나 내용을 위하여 동일한 용어를 사용함으로써 이 유사성을 강조하는 것이 타당하다고 본다. 그러므로 여기서 우리는 **표현의 의미**에 대하여 말할 수 있을 것이다. 그리고 관행에 어긋난다 할지라도 아무것도 그렇게 하는 것을 막을 수 없다. 언급된 예들, 즉 구강 상위의 측면과 모음들의 연속체는 언어의 특이한 기능에 따라 언어 안에서 다르게 형성되고, 그리고 표현의 **본질**로서 표현의 **형태**와 연결된 의미들의 음성적 부위들이다.

우리는 표현의 **체계**에 있어서도 이 현상을 확인하였다. 그러나 내용에 대하여 증명한 것처럼, 우리는 **과정**에서도 같다는 것을 증명할 수 있다. 주어진 언어 체계의 특이한 형태화는, 체계와 과정 사이에 존재하는 단순한 응집성에 근거하여 과정에 대한 결과를 산출한다. 한편으로 랑그마다 일치되지 않는 체계의 내부 경계선들, 다른 한편으로는 연쇄 내에서 음소들간의 가능한 관계들은(오세아니아어와 아프리카 언어 등의 몇몇 언어는 자음군을 허용치 않으며, 또 다른 언어들은 언어마다 다양하지만 정해진 자음군만을 가지고 있으며, 강세의 위치는 언어에 따라 다른 법칙을 따른다) **표현의 의미**가 여러 다른 언어에서 같은 형태를 취하지 않도록 한다. 영어에서 [bə:ˈlin], 독일어에서 [bɛrˈliːn], 덴마크어에서 [bæʁˈliˀn], 일본어에서 [belulin]은 하나의 동일한 표현 의미(베를린이라는 도시명)에 대하여 다양한 형태를 나타내고 있다. 내용 의미가 같다는 것은 분명히 무관하며, 다음의 경우도 그러하다. 우리는 영어의 got, 독일어의 Gott, 덴마크어의 godt의 발음이 동일한 표현 의미를 나타낸다고 말할 수 있을 것이다. 이 예에서 표현 의미는 같지만 내용 의미는 다르며, 또 다른 예 je ne sais pas와 I do not know의 내용 의미는 같지만 표현 의미는 다르다.

주어진 언어(예를 들어 모국어)의 기능 체계에 익숙한 사람은 이 언어에서 그가 지각한 내용 의미, 또는 표현 의미를 만든다. "악센트를 갖고 말한다"는 것은, 화자의 모국어가 시사하는 기능 조건들에 따라 표현 의미를 형성한다는 것이다.

이것은 기호 기능을 담당하는 두 가지 규격, 즉 표현과 내용은 기호 기능과 관련하여 동질의 방법으로 작용한다는 것을 보여 준다. 내용 형태와 표현 형태로 구체적으로 지칭할 수 있는 두 가지 기능소가 존재하는 것은 오로지 기호 기능에 근거한다. 마찬가지로 의미 위에 형태를 투사할 때, 마치 팽팽한 그물이 연속된 면(面) 위에 그 그림자를 투사하듯이 나타나는 내용 본질과 표현 본질이 존재하는 것은, 바로 오로지 내용 형태와 표현 형태에 근거한다.

우리는 **기호**라는 단어의 가장 적절한 의미 작용이라는 출발점으로 되돌아갈 수 있는데, 이는 전통 언어학에 현대 언어학을 대립하는 논쟁에서 명확하게 보기 위함이다. 기호는 어떤 것의 기호이고, 이 어떤 것은 기호 밖에 있다는 것이 정확한 듯하다. 그래서 숲(bois)이라는 단어는 경치에서 정해진 어떤 대상의 기호이고, 전통적 의미로 이 대상은 기호 자체 내에 속하지 않는다. 그런데 경치의 이 대상은 내용 규격의 본질에서 비롯되는 규격이고, 그 명칭을 통해 알 수 있듯이 내용의 형태와 관련되며, 이 내용의 형태 아래에 내용의 본질은 내용의 본질의 다른 규격들, 예를 들어 내 집 문을 만드는 재료 등과 함께 정렬된다. 기호가 무엇인가의 기호라는 것은, 한 기호의 내용의 형태가 이 무엇을 내용의 본질로 포함할 수 있다는 것을 말한다. 우리가 내용과 표현을 위하여 의미라는 단어를 사용할 필요성을 느낀 것과 마찬가지로, 편협적이기는 하지만 명백하고자 하는 바람으로 기호에 대한 정의를 보완해야 할 것이다. 그래서 우리는 하나의 기호는 표현의 어떤 본질에 대한 기호라고 해야 할 것이다. 즉각적으로 발음된 [bwɑ]라는 소리 연속체는 표현의 본질에 속하는 규격이며, 표현의 본질은 오로지 기호를 통하여 표현의 형태와 관련되는데, 이 표현 형태 아래에 표현의 여러 규격들의 본질을 집합할 수 있다. (다른 청자들, 또는 다른 순간에 동일한 기호의 다른 발음이 가능하다.)

역설적으로 보이지만, 기호는 내용의 본질과 표현의 본질을 동시에 지닌 기호이다. 이러한 의미에서 우리는 기호는 어떤 것의 기호라고 말할 수 있다. 그와 반대로 기호가 내용의 본질의 기호인지, 단지 표현의 본질의 기호인지(물론 아직까지 아무도 상상하지 않았던 것)를 결정할 수 있는 어떠한 근거도 없다. 기호는 두 면을 지닌 하나의 규격이며, 두 측면의 시야, 두 방향의 결과를 갖는 야누스의 얼굴처럼 '외부에서' 표현의 본질로 향하고, '내부에서' 내용의 본질을 향한다.

모든 용어는 자의적이어서 표현의 형태를 보다 특별하게 지칭하기 위하여 **기호**라는 용어를 사용하지 못할 이유가 없다. (표현의 본질을 가리키고자 한다면, 그것은 터무니없고 불필요할 것이다.) 그러나 내용의 형태와 표현의 형태로 구성되었고, 우리가 기호 기능이라고 불렀던 연대성으로 세워진 규격을 지칭하기 위하여 기호라는 용어를 사용하는 것이 보다 타당한 듯하다. 이 용어가 표현만을 또는 그의 부분들 가운데 하나를 지칭하기 위해 사용된다면, 형식적인 정의에 의해 보호받는다 해도 용어는 랑그가 단지 목록집일 뿐이며, 이미 존재하는 대상들에 부착될 수밖에 없는 이름표들이 모인 곳일 뿐이라는 막연한 불신감을 의식적이든 아니든 조장하거나 촉진할 위험이 있다. 기호는 그 성격으로 인해 지칭된 사항의 관념에 항상 연결될 것이다. 그 때문에 기호라는 용어는 기호와 기호가 지칭하는 것의 관계가 가능한 한 분명하게 밝혀지고, 기호를 왜곡시키는 간결화의 대상을 만들 수 없도록 사용되어야 한다.

표현과 내용의 구별과 기호 기능에서 이들의 상호 작용은 랑가쥬의 구조에서 기본적이다. 기호, 기호의 체계, 기호를 위한 형상소들의 체계, 즉 랑그는 표현의 형태와 내용의 형태를 그 자체에 지니고 있다. 그러한 이유로 텍스트의 분석은 첫 단계에서 이 두 규격으로 분할되어야 한다. 철저하기 위하여 분석은 각 단계에서 가능한 한 넓은 부분으로 나누도록, 다시 말해 연쇄의 내부에서든지 나누어진 것의 내부에서든지 가능한 한 적은 수의 부분으로 나누도록 이끌어져야 한다. 어떤 텍스트가 예를 들어 구문과 절로 이루어져 있다면, 우리는 절의 수가 구문의 수보다 더 많다는 것을 보여 줄 수 있다. 그러므로 우리는 텍스트를 우선 절로 나누어서는 안 되고, 구문으로 그것을 나눈 후 절로 나누어야 한다. 우리가 이 원칙을 지킨다면, 첫 단계에서 텍스트는 항상 두 부분으로 나누어질 수 있다. 이 매우 적은 수는 최대한의 범위를 보장하는데, 그것은 기호 기능에서 볼 때 서로 연대적인 표현의 선과 내용의 선이다. 우리는 **표현의 선과 내용의 선**을 따로 떼어 나누지만, 기호의 내부에서 그들의 상호 작용을 반드시 고려한다. 랑그 체계의 첫번째 분절 작용은 가장 넓은 두 가지 계열, 즉 **표현의 면과 내용의 면**을 설정케 한다. 한편으로는 표현의 선과 표현의 면을, 다른 한편으로는 **내용의 선과 내용의 면**을 같은 용어로 지칭하기 위하여, 우리는 각각 **표현 측면과 내용 측면**이라는 용어를 택하였다. (우리는 앞서 언급한 소쉬르의 이론에 동의하여 이 용어를 택하였다. 즉 '관념들의 측면(……)과 음들의 측면(……).')

분석하는 동안 이러한 시행 방법은 명확함과 간결화를 동시에 가져다 주며, 지금까지 알려지지 않은 새로운 방법으로 랑그의 메커니즘을 밝혀 준다. 이러한 관점에서 출발하면 정확한 도식에 따라 언어학의 부수적인 분야를 조직하고, 문법의 현행 하위 분류를 넘어서는 것이 용이할 터이다. 현행 하위 분류는 음성학·형태론·통사론·어휘론과 의미론으로서 여러 면에서 불만족스럽고 불완전하며, 여러 분류들이 부분적으로 서로 중첩되는 하위 분류이다. 그밖에도 분석이 일단 실행되면 표현 측면과 내용 측면이 철저하게, 그리고 모순되지 않도록 완전히 유사한 방법으로 이루어진 것처럼 기술되어야 한다. 그래서 동일한 방법으로 정의된 범주들을 두 측면에서 예측할 수 있어야 한다. 이것으로 개념화의 견고성을 다시 한 번 확인할 수 있고, 이 개념화에 의해 표현과 내용은 모든 면에서 같은 등위 위의 규격들임을 알 수 있다.

표현 측면과 내용 측면, 일반적으로 표현과 내용이라는 용어들은 일상적인 사용을 따른 것이고, 전적으로 자의적이다. 기능적인 정의를 따르자면 이 규격들 가운데 하나를 표현이라 부르고, 다른 하나를 내용이라 부르는 것이 적합하다고 주장할 수는 없다. 그것들은 서로가 서로의 연대적인 것으로 정의되며, 각기 독자적으로 연대적일 수는 없다. 따로 떼어 보면 우리는 대립들을 통해, 그리고 상대적으로 서로 대립하는 같은 기능의 기능소들이라고 정의할 수 있다.

14

불변체와 변이체

분석을 더욱 면밀히 전개하기 위하여, 그리고 특히 랑그의 기호를 구성하는 형상소들을 파악하기 위하여 기호의 구조에 대한 이러한 고찰은 반드시 필요하다.(12장 참고) 각 분석 단계마다 동질적 관계들을 갖는 규격들을 분류, 정리해야 할 것이다.(12장 참고) 경험주의 원칙을 충족시키기 위하여(3장 참고) 목록의 수록은 철저해야 하고, 가능한 한 간결해야 한다. 어떤 단계가 마지막 단계인지 미리 알 수 없기 때문에 각 단계마다 이러한 요구를 따라야 할 것이다. 이 요구는 분석의 마지막 단계에서는 두 중요성을 지니게 되는데, 왜냐하면 우리는 이 마지막 단계에서 체계의 기반을 이루는 최종의 규격들을 파악하게 되고, 최종의 규격들로부터 랑그의 다른 규격들이 세워졌다는 것을 입증할 수 있어야 하기 때문이다. 마지막 운용에서 나온 결과의 간결성을 위해서 그리고 분석 전체에서 나온 결과의 간결성을 위해서 기반이 되는 이 규격들의 수가 가능한 한 적어야 한다는 점은 중요하다.

우리는 간결성의 원칙에서 이끌어 낸 두 원칙(6장 참고) 즉 경제 원칙(principe d'économie)과 축소 원칙(principe de réduction)으로 이 요구를 이론화할 것이다.

경제 원칙: 기술(記述)은 절차에 따라 이루어지는데, 그 절차는 결과가 가능한 한 간결하도록 조직되어야 하고, 절차가 더 이상 간결해질 수 없을 때 중지되어야 한다.

축소 원칙: 절차의 각 운용은 기술할 수 있을 때까지 지속되고 반복되어야 하며, 각 단계에서 가능한 한 가장 적은 수의 대상에 대하여 수록을 해야 한다.

각 분석 단계에서 분류·정리된 규격들을 요소라 부를 것이다. 분석 그 자체에 관해서, 우리는 축소 원칙을 명확하게 다음과 같이 이론화할 수 있다.

분석의 기반으로 주어진 기능을 가진 기능소들을 수록하는 분석(또는 분석의 복합체)은 가능한 한 가장 적은 수의 요소를 수록하도록 조직되어야 한다.

이 요구에 만족하기 위하여 우리는 고정된 조건에서 두 규격을 하나로 **축소시키거나**, 두 규격을 서로 **동일시하는** 방법을 갖추어야 한다.[22] 절은 단어들로 나누어지고, 구문은 절로 나누어지며, 텍스트는 구문들로 나누어지는 텍스트가 있다고 가정하자. 우리가 각 분할마다 목록을 만든다면 '같은' 구문, '같은' 절, '같은' 단어들이 텍스트의 여러 곳에 있다는 점을 항상 확인할 수 있을 것이다. 그러므로 우리는 각 구문, 각 절, 각 단어가 여러 예시로 나타난다고 말할 수 있다. 그것들을 **불변체**인 규격들의 **변이체**라고 말할 것이다. 게다가 우리는 기능과 규격들은 변이체를 가지고 있으며, 따라서 변이체와 불변체의 구별은 일반적으로 기능소에 유효하다는 것을 곧 알 수 있다. 분석의 단계마다 우리는 이러한 축소에 필요한 기준을 만드는 특별히 구상된 방법론으로, 변이체로부터 불변체에 이르기까지 추론할 수 있어야 한다.

현대 언어학은 표현 측면의 상위 등위의 불변체에 관련하여, 다시 말해 지금까지 수용된 이론들 내에서 구어의 음소라고 부르는 것에 관련하여, 관심을 갖고 축소의 방법론을 전개하려고 노력하였다. 그렇지만 대부분의 경우, 음소에 대하여 실재론적이고 상당히 모호한 정의가 있을 뿐이어서 의문이 야기되는 경우에는 객관적으로 적용할 수 있는 어떠한 기준도 없었다. 축소의 객관적인 방법론을 전개하기 위한 구체적인 노력이 두 학파에서 이루어졌다. 다니엘 존스를 중심으로 한 런던 학파와, 이미 고인이 된 N. S. 트루베츠코이가 활성화한 프라하 학파에서 나온 음운론 학파이다. 그들이 만든 축소 방법론은 특징적인 유사점과 흥미로운 차이점을 동시에 보여 준다.

유사점은 이 두 학파 모두가 목록을 만드는 필수 조건이 텍스트의 기능 분석이라는 점을 인정하지 않는다는 데 있다. 방법은 귀납적이고(4장 참고) 이 방법에 따르면 주어진 조건은 음소라 불리는 음의 부류로 모이게 될 한 무리의 음이라고 한다. 원칙적으로 이 모임은 음이 구성하는 계열을 고려하지 않고 이루어져야 한다. 그렇지만 모순적으로 두 학파는 모음과 자음을 다룰 때, 언어의 음 목록을 범주로 간략히 분석하기 시작했다. 그러나 모음과 자음이 언어의 기능에 의하여 정의된 범주를 구성하지 않기 때문에, 우리는 비언어학적인(생리적이거나 물리적인) 전제들을 사용하여 그것들을 정의하려고 한다. 반면 운용을 시작하기 전에 모음의 범주나 자음의 범주는 관계들을 기반으로 삼으면(다시 말해 음절에 있는 그들의 '위치'에 따라) 하위 범주로 분석되지 않는다.

이 두 학파의 유사점에 놀랄 만한 점은 없다. 왜냐하면 우리가 대략 설명한 연역적 방법론은(4장 참고) 언어학에서는 지금까지 적용되지 않기 때문이다.

반대로 이 두 학파의 방식에서 차이점을 야기하는 방법론에 대한 관심 또한 적지 않다. 두 학파는 변이체와는 달리, 음소가 변별적 기능을 갖는다는 사실에서 특징적인 어떤 것을 본다는 데에 일치하였다. 한 음소를 다른 음소로 바꾸어 놓으면 내용의 차이를 유발할 수 있지만(예를 들어 rat-rit), 만약 동일한 음소의 한 변이체를 다른 변이체로 바꿀 때에는 그렇지 않다. (예를 들어 rat의 a에서 하나는 열리고 다른 하나는 닫힘으로써 발음이 다르다.) 프라하 학파의 음운학자들은 음소들 사이의 대립은 변별적인 대립이라고 말하면서, 이 기준으로 음소의 정의를 세웠다.[23] 런던 학파는 다른 방식을 따른다. 존스는 음소가 변별적이라는 것은 사실이지만, 이 특징을 음소의 정의에 포함하는 것을 거부한다. 그 이유는 몇몇 음소들은 어떤 경우에도 단어에서, 다시 말해 연쇄 내의 같은 '위치'에서 바꿔 쓰일 수 없으므로 내용의 차이를 가져올 수 없는 음소의 대립이 있기 때문이다. 예를 들어 영어의 h와 ŋ가 그러하다.[24] 존스의 이론에서 이들 음소들은 다른 범주에 속해 있다는 사실만으로 대립될 수 있다는 점을 인정하지 않는 데서 어려움이 생긴다. (모음과 자음의 차이를 제외하고.) 우리는 한 음절 내에서 각각 시작도 끝도 될 수 없는 h와 ŋ가 같은 '위치'를 차지할 수 있는 다른 음소들과 함께(hat-cat, sing-sit) 변별적인 대립을 한다는 사실을 충분한 변별적인 기준으로 생각지 않는다. 이러한 이유로 런던 학파는——적어도 이론상——음소의 '위치'를 근거로 하기 위하여 변별적 기능의 관여적 특성을 제외하려 했고, 그 결과 같은 '위치'를 차지하는 두 음은 항상 다른 두 음소에 속한다.[25] 그렇지만 변이체들도 역시 같은 '위치'에서 나타나기 때문에, 이 방식이 새로운 난점을 낳는 것은 분명하다. (rat에서 닫힌 a와 열린 a처럼.) 이 난점을 제거하기 위하여 음소의 곁에 **변음**(variphone)의 개념을 도입해야 하는데, 음소와의 관계가 명확한 것은 아니다. 한 음소의 새로운 예시는 필연적으로 새로운 변이체이기 때문에, 각각의 음소는 같은 '위치'에서 변이체들을 가지게 될 것이다. 따라서 모든 음소는 **변음**이어야 한다는 결론에 이른다. 그렇지만 명백하게 표현되지 않았을지라도, 변별적인 대립에 의해서만 그들 사이에서 차이를 보여 주는 **변음들을** 구상할 수 있을 것이다.[26]

변별적 대립의 개념에서 벗어나려는 런던 학파의 시도는 교육적으로 시사하는 바가 있다. 분석 방법론이 거기서도 덜 발달되었고 객관적인 기준들이 도달하기에 더욱 어렵게 보이기 때문에, 순수한 음성학에서 보다 확고한 기반을 발견하리라는 희망과 차이점과 유사점을 구별할 때 위험할 수 있는 내용의 분석을 피하고자 하는 바람에서 런던 학파의 시도는 실행되었을 것이다. 프라하 학파에서도 같은 느낌을 가지고 있었는데, 그들이 '지적인 의미 작용의 차별화'라고 부르는 것에 만족하였기 때문이다. 그러나 프라하 학파가 변별적 기준을 관여적 속성으로 간직하는 이유가 있다. 런던 학파의 시도는 그들이 이 속성을 무시한다면 생길 수밖에 없는, 극복할 수 없는 난점들을 보여 준다. 이론과 실제의 모든 것에 대하여 신중을 기해야겠지만, 프라하 학파의 주요한 공헌은 이 원칙을 주장한 것이다. 이미 시도한 바 있는 축소 방법에 대한 경험은, 변별적 요인을 불변체의 수록이나 불변체와 변이체의 구별을 위해 변별적 요인을 관여적인 것으로 반드시 고려해야 한다는 점을 보여 주는 것 같다. 그래서 표현의 상관성과 내용의 상관성 사이에서 하나의 **관계**가 존재하기 위하여, 내용 측면의 상관성(내용의 규격 'rɑt'와 'rit' 사이에 있는 상관성)에 대응하는 상관성이 있을 때(예를 들어 rɑt-rit에서 ɑ와 i 사이) 표현 측면의 불변체들간의 차이점이 있다. 이 관계는 표현 형태와 내용 형태간의 기호 기능, 즉 연대성의 직접적인 결과이다.

전통 언어학의 몇몇 연구는 최근에 이 사실을 인정하게 되었지만, 오로지 표현 측면의 형상소에 관해서만 신중하게 접근하였던 것이다. 그렇지만 분석을 진전시키고 랑그 구조를 이해하기 위해, 이 원칙이 체계 안에서 등위나 위치가 어떠하든 그 랑그의 다른 모든 불변체에도 똑같이 적용되어야 함을 알아야 한다. 이 원칙은 표현의 규격들의 범위가 어떠하든 최소 규격에는 물론 모든 표현의 규격에 유효하다. 이 원칙은 또한 표현 측면에서처럼 내용 측면에서도 유효하다. 그것은 실제로 표현 형상소를 위해서 원칙을 이해하여 얻은 논리적 결과이다.

이제 형상소를 다루는 대신 기호를 다루자면——고립된 기호가 아니라 상호적 상관성을 갖는 둘, 또는 여러 기호들——우리는 표현의 상관성과 내용의 상관성간에 항상 어떤 관계가 있음을 발견할 것이다. 관계가 없다는 것은 서로 다른 두 기호가 아니라, 같은 기호의 두 변이체가 있다는 사실을 증명한다. 두 절의 표현을 서로 바꿀 때, 서로 다른 절들의 두 내용이 대응하도록 바꾼다면 표현에서 두 개의 다른 절을 얻으며, 반대의 경우 표현에서 절의 두 변이체, 즉 절의 같은 표현의 두 개의 서로 다른 예시를 얻는다. 단어의 표현이나 모든 기호들의 표현에서도 마찬가지이며, 형상소에서도 그 범위가 어떠하든 음절까지 마찬가지로 적용된다. 이러한 관점에서 기호와 형상소의 차이점은 기호와 관련된 만큼 동일한 표현의 차이가 야기하는 내용과 동일한 차이점이며, 형상소에서 동일한 표현의 차이는 경우에 따라 내용의 규격들간의 교환(예를 들어 rat-rit, pas-pis, las-lis)을 유발한다는 데에 있다.

또한 불변체와 변이체의 구별이 내용 측면에서 동일한 기준에 따라 실행되어야 한다는 점에서, 확인된 관계는 역행할 수 있다. 내용이 서로 다른 두 불변체가 존재하려면, 이 두 불변체의 상관성이 표현의 상관성과 관계를 맺어야 한다. 실제로 내용의 서로 다른 두 불변체는 교환이 표현 측면에서 대응할 때에 존재한다. 기호에 있어서 이 사실은 분명하다. 예를 들어 두 개의 절 표현을 교환하여 두 개의 절 내용을 이끌어 낸다면, 두 개의 절 내용은 또한 두 개의 절 표현을 이끌어 낼 것이다. 그것은 대립된 면에서 단순하게 본 동일한 현상이다.

그리고 이러한 교환의 시험을 통해, 내용 측면과 표현 측면에서 기호의 내용을 구성하는 형상소를 수록할 수 있어야 한다. 정확히 표현 측면에서처럼 형상소의 존재는 여기서도 기호들의 존재의 논리적 결과일 뿐이다.

그와 같은 이유로 우리는 확신을 갖고 이러한 분석이 가능하다는 것을 알 수 있다. 게다가 이 분석을 잘 이끌어 가야 하는 것은 매우 중요하다. 그것은 내용의 철저한 기술(記述)에 대한 필요 조건이 있기 때문이다. 이러한 기술은 또한 기호들이——무한수의——기호의 내용에 관하여, 제한된 수의 형상소의 도움으로 설명되고 기술될 수 있다는 점을 암시한다. 축소의 요구는 표현 측면에 적용된 요구와 동일하다. 내용의 형상소의 수가 축소될수록, 경험주의 원칙이 요구하는 가장 간결한 기술을 더욱 충족시킬 수 있다.

표현의 형상소로의 분석은 알파벳 문자의 발명만큼 오래 되었으나(알파벳의 발명은 실제로 표현의 이러한 분석을 암시하기 때문에 알파 문자의 발명보다 더 오래 되었다고 말할 수 없다), 내용의 형상소로의 분석은 아직 언어학에서 실행되지도 시도되지도 않았다. 이러한 무분별은 커다란 영향을 남겼다. 내용의 분석에서 무한수의 기호들을 앞에 두고 해결될 수 없는 시시포스의 작업, 즉 영원히 도달할 수 없는 한계점을 보았던 것이다.

그러나 실행 방법은 내용 측면과 표현 측면에서 동일할 것이다. 기능 분석에 따라 우리는 표현 측면을 상호적 관계에 있는 부문들로 분해할 수 있고(알파벳의 발명과 음소에 대한 현대 이론에서 만들어졌다), 이러한 분석을 통하여 내용 측면 역시 기호의 최소 내용보다도 작은 상호적 관계에 있는 부문들로 분해해야 한다.

몇몇 연쇄들이(예를 들어 일반적인 구조의 언어에서 단어의 표현들) 음절로 나누어지는 텍스트 분석 단계에서, 다음과 같은 음절 sla, sli, slai, sa, si, sai, la, li, lai를 수록한다고 하자. 다음 단계에서 음절들은 중심적(선별된), 그리고 주변적(선별하는) 음절 부분(9장 참고)으로 나누어져서, 두 범주의 목록이 기계적으로 설정되고 중심적 부분의 범주에 a, i, ai를, 주변적 범주에 sl, s, l을 수록한다. ai는 a와 i의 관계에 의하여 만들어지고, sl은 s와 l의 관계에 의하여 만들어진 단위라고 설명할 수 있기 때문에 ai와 sl을 요소들의 목록에서 제외하고, 목록에는 a와 l, s와 l만을 남겨둔다. 그래서 이것들은 언급한 '음군'(sl 자음군과 이중모음 ai)에 개입하는 그들의 기능에 의하여 정의된다. 이러한 축소는 중심적 음절 부분과 주변적 음절 부분을 수록하는 운용이 행해질 때 발생하고, 연달아 다음 운용에서 이 부분들이 더 작은 부분으로 나누어질 것이다. 달리 분석한다는 것은, 각각의 운용에서 가능한 한 가장 간결한 절차와 가능한 한 가장 간결한 결과를 얻고자 하는 요구에 어긋나는 일이다.(6장과 축소원칙 참고) 반대로 음절로 된 연쇄들의 분해가 sla, sli, sa, si, sai, la, li, lai가 아닌 slai 또는 다른 상황이라면, 음절 부분으로 분해되는 음절 축소는 계속될 수 없을 것이다. 축소의 계속은 다음 운용에 반영되어야 하며, 그 과정에서 음절의 부분은 그 다음 분할의 대상이 되어야 한다. 절차의 단계에서 sai, sa, si, lai, la, li가 아닌 slai, sla, sli를 분석했다면, 우리는 sl이 아닌 ai로 분해할 수 있었을 것이다. (우리가 sli가 아닌 slai, sla를 가졌다면, 그 분해는 이루어지지 않았을 것이고, ai와 a는 서로 다른 불변체로 수록되었을 것이다. 이 규칙을 위반한다면 음절 a와 sa를 가지고 있지만 s를 가지고 있지 않은 언어에서, a뿐만 아니라 s도 서로 다른 불변체로 음절의 목록 내에 수록되는 엉뚱한 결과를 초래할 것이다.)

원칙적으로 이 시행법에는 일반화의 요소가 있다. 축소는 일반화할 때만 모순 없이 운용될 수 있다. 우리는 우리의 예시 유형을 변형할 수 있는데, sl이 분해되지 않는 sla와 sl이 분해되는 sla 음절에 각기 다른 내용이 연결됨으로써 sl의 축소는 어떤 경우에서만 가능하다는 변형이다. 이 경우 sl은 s나 l과 같은 열의 요소가 될 것이다. 우리가 잘 아는 여러 랑그에서(예를 들어 영어에서) 규격 t∫는 t와 ∫로 분해될 수 있고, 그래서 이러한 분해는 모든 경우에서 모순 없이 일반화된다. 반대로 폴란드어에서 t∫는 t나 ∫와 같은 열의 독립된 규격이며, 이 t와 ∫ 또한 t ∫음군(기능적으로 t∫와는 다르다)에도 들어갈 수 있다. 그 차이를 예를 통해 보면 trzy, '셋,' czy, '혹은,' '……이라면'이라는 두 단어에서 trzy는 t ∫로, 두번째 cry는 t∫로 발음된다.[27]

이러한 이유로 실제적인 측면에서 개별적인 **일반화 원칙**에 도움을 청하는 것이 중요하다. 이 원칙의 실제적인 중요성은 이론의 여러 다른 곳에서 나타난다. 그것은 일반적인 원칙들 가운데 하나로 간주되어야 한다. 이 원칙은 공식화된 적은 없었지만, 항상 암시적으로 과학적인 연구에서 그 역할을 했다는 것을 증명할 필요가 있다. 그 원칙은 다음과 같다.

한 대상은 일의적으로 하나의 분해를 허용하고, 다른 대상은 이의적으로 같은 분해를 허용한다면, 그 분해는 이의적인 대상에도 일반화되어 적용된다.

따라서 우리는 위에서 다루었던 축소의 규칙을 다음과 같이 서술할 수 있다.

일반화 원칙을 적용할 때, 동일한 운용이 행해지는 동안 수록된 요소들만을 지닌 복합 단위들로 일의적으로 수록될 수 있는 규격들은 요소로 수록되어서는 안 된다.

내용 측면에서 이 규칙은 표현 측면에서와 동일한 방법으로 적용되어야 할 것이다. 예를 들어 절차의 어느 단계에서 자동적으로 만들어진 목록이 내용의 규격 '황소' '암소' '남자' '여자' '소년' '소녀' '종마(種馬)' '암말' '소' '인간' '아이' '말' '그'와 '그녀'들을 얻고자 한다면, 규격 '황소' '암소' '남자' '여자' '종마' '암말' 들은 요소들의 목록에서 제외되어야 한다. 한편으로는 '그'와 '그녀'를 포함하는 관계적인 단위로, 다른 한편으로는 '소' '인간' '아이' '말'을 포함하는 관계적 단위로 일의적인 해석을 할 수 있기 때문이다. 표현 측면에서처럼 여기서도 기준은 한 측면의 상관성과 다른 측면의 상관성과의 관계를 확인하는 교환의 시험이다. sai, sa와 si의 교환이 세 개의 다른 내용의 교환을 가져올 수 있는 것처럼 '황소,' '그'와 '소'라는 내용 규격의 교환은 세 개의 다른 표현을 가져올 수 있다. 예를 들어 sl이 fl과 다른 것처럼 '황소' = '그-

소'는 '암소' = '그녀-소'와 다를 것이다. sl이 sn과는 다른 것처럼 '황소' = '그-소'는 '종마' = '그-말'과 다를 것이다. 하나의 요소가 언어의 다른 측면에서 교환을 야기하려면 다른 요소로 교환하는 것으로 족하다.

앞에서 사용하였던 예들에서(구문을 절로, 절을 단어로, 단어를 음절로, 음절을 음절 부분으로, 음절 부분에서 형상소로의 분할), 우리는 임시로 전통적인 개념 구성에 따라 텍스트는 표현의 선만으로 구성되는 것처럼 분석하였다. 그래서 우리는 표현의 선과 내용의 선으로 텍스트를 분할한 후, 이 두 선들을 동일한 원칙에 따라 나누어야 한다는 점을 이해하게 되었다.(13장 참고) 그 결과 분할은 이 두 선 안에서 가능한 한 가장 깊이 이루어진다. 표현의 선이 계속되는 분해를 통해 언젠가는 한계에 이르게 되며, 그 한계에서 제한된 목록이 후속 운용들을 통하여 끊임없이 축소되어 온(12장 참고) 무제한의 목록을 이어 가는 것처럼 내용의 선에서도 이와 같이 이루어진다.

표현 측면의 형상소 분석은, 실제에서 무한한 목록(단어의 표현들)에 속하는 규격들이 제한된 목록에 속하는 규격들로 분해됨으로써 이루어진다고 말할 수 있다. 즉 가장 제한된 수의 목록을 얻을 때까지 계속되는 분해이다. 내용 측면의 형상소의 분석도 이와 같다. 단어의 내용들의 목록이 제한되지 않으므로, 일반적인 구조의 언어들에서 최소 기호들은 무한한 목록(선별된)(어근의 내용의 목록처럼)과 제한된 수의(파생 접미사와 굴절 어미, 즉 파생 접사와 형태소의 내용을 포함하는 것들과 같은) 목록(선별하는)으로 나누어(관계적 차이를 기반으로)진다. 그러므로 방식은 실제로 무한의 목록에 속하는 규격들을 제한된 목록에 속하는 규격들로 분석하는 데 있다. 이 원칙은 이미 위에서 제시된 예에서 부분적으로 적용되었다. '소' '인간' '아이' 와 '말'은 일시적으로 무한의 목록에 머무르게 되지만, '그' 와 '그녀'는 대명사이므로 관계로 정의된 그리고 제한된 수의 요소를 갖는 특별한 범주 안에 남게 된다. 따라서 우리의 일은 모든 목록이 가능한 한 축소될 때까지 분석을 지속하는 데 있다.

내용의 규격을 '군' 으로 축소함으로써, 단순한 한 기호의 내용은 주어진 상호적 관계를 지닌 기호들의 내용이 연쇄하여 생긴 내용과 동일하다. 지금까지 사전들이 축소를 목적으로 하고 있지 않다 하더라도, 단일 언어 사전에서 단어를 설명하는 정의들은 원칙적으로 이러한 성격을 지니고 있다. 그 때문에 사전은 체계적 분석에서 되풀이될 수 있는 정의들을 제공하지 못하고 있다. 실상 이렇게 축소된 주어진 규격과 동등한 바와 같이 설정된 것은 언어 내에서, 그리고 이 규격의 측면 내에서 이론화된 그 규격에 대한 **정의**이다. 우리는 두 측면을 위하여 같은 용어를 사용하고, **황소**(taureau)라는 단어의 표현이 자음 t, 모음 o, 자음 r과 모음 o로 구성된 것으로 분석될 때에도 정의라는 용어를 사용하는 데에 아무런 어려움을 갖지 않는다. 정의(définition)에 대한 정의를 하자면, **정의**는 한 기호의 내용 또는 한 기호의 표현의 분할을 의미한다.

우리는 자체로 고려되는 **연계소**(connectif)들을 수록함으로써 규격들을 요소의 군으로 축소하는 효과를 증대할 수 있다. 연계소란 어떤 조건에서 주어진 등위의 복합 단위와 연대적인 기능소를 의미한다. 연계소들은 흔히(항상 그러한 것은 아니다) 표현 측면에서 우리가 언어학에서 연독의 모음이라고 부르는 것과 실제에서 동일하지만, 정확한 정의를 하자면 연계소들은 연독의 모음들과는 구별된다. 영어 fishes에서 굴절 어미 앞의 모음은 연계소로 수록될 수 있다. 내용 측면에서 접속사들은 흔히 연계소가 되며, 이 사실은 주어진 구조의 랑그들에서는 구문과 절의 목록을 수록하고 분석하는 데에 결정적인 중요성을 가질 수 있다. 따라서 대부분의 경우, 구문들을 분할할 때 복문을 단문절로 나눌 뿐만 아니라 목록 전체에 걸쳐 주절과 종속절을 두 가지 기능적 가능성을 지닌 하나의 절로 축소하기에 이른다. 주절(또는 선별된 것)과 종속절(또는 선별하는 것)은 더이상 두 종류의 절이 아니라, 두 종류의 '절의 기능' 또는 절의 두 변이체를 형성할 것이다. 어떤 유의 종속절에서는, 단어들의 특이한 서열이 축소 운용에 전혀 장애가 되지 않는 절의 변이체들의 신호(signal)로 수록될 수 있다. 이는 고전적인 통사론의 주요한 두 축을 무너뜨리는 사건이다. 이 두 축인 주절과 종속절은 이 방법으로 변이체로 바뀌어서, 다른 계층의 몇몇 변이체에도 영향을 미치게 될 것이다. 가장 일반적인 언어 구조에서 주어와 속사는 한 명사의 변이체들(단 하나의 접합 등)이 되고, 보어가 없는 언어에서 목적어는 그들과 동일한 변이체가 될 것이며, 하나의 보어를 소유하고, 그것이 또한 다른 기능들을 갖는 랑그에서 목적어는 이 격의 변이체가 된다. 달리 말하면, 우리가 설정하고 있는 불변체와 변이체로 기능소들을 분류한다는 것은, 언어학을 형태론과 통사론으로 나누는 전통적 기반을 뒤흔들어 놓게 될 것이다.

그러므로 표현의 상관성과 내용의 상관성간의 관계를 수록하는 것은, 텍스트의 모든 규격들에 대하여 두 측면에서 실행되어야 한다. 변별적 요인의 관여성은 목록을 만드는 데에 유효할 것이다. 랑그의 다른 측면의 상관성과의 관계를 지닌 측면의 상관성을 대치(commutation)라 부를 것이다. 그것은 실제적인 정의이며, 이론에서 우리는 보다 추상적이고 일반적인 성과물을 얻어내려고 노력하고 있다. 랑그의 다른 측면에서 대응하는 상관성 ——또는 한 계열체의 내부에서 대응하는 교환—— 과 관계를 갖는 상관성 ——또는 한 계열체의 내부에서의 교환—— 을 상상할 수 있는 것처럼, 랑그의 다른 측면에서——대응하는 관계와 관계를 갖는——또는 연쇄의 내부와 대응하는 전위를 갖는——어떤 관계——혹은 연쇄 내부에서의 전위——를 상상할 수 있다. 이 경우를 **치환**(permutation)이라고 할 것이다. 흔히 비교적 넓은 범위의 기호들 사이에서 치환이 있다. **단어들**은 내용에서나 표현에서나 치환이 있는 최소 기호들이라고 정의할 수 있다. 우리는 대치와 치환을 합하여 **교체**(mutation)라고 칭할 것이다. 같은 과정 또는 같은 체계에 속하는 같은 등위의 도출 사항들이 **열**(rang)을 구성할 때, 우리는 교체를 같은 부류의 첫째 등위의 도출 사항들 사이에 존재하는, 그리고 같은 열에 속하면서 같은 부류의 첫째 등위의 다른 도출 사항간의 기능과 관계를 맺는 기능이라고 정의한다. 그러므로 대치는 한 계열체의 구성사들 사이의 교체이며, **치환**은 한 연쇄의 부분들 사이의 교체가 될 것이다.

우리는 한 계열의 구성사들 사이에서 교체가 결여된 것을 **대체**(substitution)라 칭할 것이다. 그러므로 대체는 우리에게 대치의 반대가 된다. 어떤 규격들이 대치도 상호적 대체도 갖지 않는다는 것은 정의들에서 비롯된다. 따라서 그것은 같은 계열체에 들어가지 않는 규격들이며, 위에서 언급한 존스의 예시에서 모음과 자음, 또는 h와 ŋ이 그 예이다.

불변체는 상호적 대치를 하는 상관항이고, **변이체**는 상호적 대체를 하는 상관항들이다.

한 랑그에 특이한 구조, 즉 다른 랑그들과 대립하여 그 랑그의 특징을 드러내고, 랑그들의 유형 가운데 어디에 위치할지를 정하여 그 랑그를 다른 랑그들과 구별하거나 유사점을 가려 주는 속성들은 랑그가 지닌 관계적으로 정의된 범주가 어떤 것인지, 그리고 랑그들 안에 속하는 불변체의 수가 얼마인지를 명시할 때 비로소 설정된다. 각 범주 내부에서 불변체의 수는 대치의 시험으로 결정된다. 소쉬르를 따라 우리가 언어 형태라고 부르는 것은, 그 자체가 무정형인 의미의 연속체 안에 언어들마다 다르게 자의적인 경계를 그음으로써 오로지 위의 특이한 구조에 의존한다. 언급한 모든 경우들은(13장 참고) 대치 시험에 대한 관여성의 예들이다. 즉 색깔·숫자·시간에 대한 명칭의 수, 폐쇄음과 모음의 수, 이 모든 것 그리고 또 다른 많은 것들이 이러한 경로로 결정된다. 덴마크어에서 변이체들인 내용의 규격 'arbre(나무)'와 'bois(목재)'(재료)는 프랑스어와 독일어에서는 불변체이다. 덴마크어에서 불변체인 내용의 규격 'bois(재료)'와 'bois(작은 숲)'는 프랑스어에서 변이체이다. 내용의 규격 'forêt(숲)'와 'bois'는 프랑스어에서는 불변체이지만, 덴마크어와 독일어에서는 변이체들이다. 이러한 설정을 허용하는 유일한 기준은 대치의 시험이다.

전통 문법이 라틴어 범주와 범주의 구성사들을 덴마크어에서 한 것처럼[28] 현대 유럽 언어들에 맹목적으로 옮겨 놓은 것은, 대치의 시험이 언어 내용을 분석하는 데에 적절하다는 것을 이해하지 못하였기 때문이다. 우리가 대치를 고려하지 않고 언어 내용을 다룬다면 실제로 언어 표현과의 관계, 기호 기능과의 관계를 고려하지 않고 언어 내용을 고찰하는 것과 같다. 이러한 상태에 대한 반응으로, 최근에 와서 표현을 내용에 도달하기 위한 출발점으로 간주하는 문법적인 방법론이 요구되었다.[29] 대치의 영향력을 발견한 이래로 이러한 요구는 이론화되었으나 명확하지는 않은 듯하다. 내용 측면이 표현 측면을 위한 분석의 출발점이라고 주장하는 편이 역시 적합하다. 표현 또는 내용에서 어느 한쪽에 더 관심을 갖는다는 것은, 우리가 무엇보다도 이 두 측면의 상호 작용을 이해하지 않는다면, 랑그의 구조에 대하여 아무것도 이해하는 것이 없다는 말이다. 표현 연구와 내용 연구는 표현과 내용 사이의 관계에 대한 두 가지 연구이다. 이 두 가지 분야는 상호적으로 가정되어 상호-의존적이므로 그것들을 분리하는 일은 커다란 착오가 될 것이다. 우리가 이미 지직하였듯이(9장에서 11장까지) 분석은 기능들에 의거하여 세워져야 한다.

15
언어 도식과 언어 사용

　언어학자는 랑그들의 차이점은 물론 유사점들도 연구해야 한다. 유사점들과 차이점들은 동일한 현상의 보충적인 두 양상이다. 랑그들간의 유사점들은 랑그 구조의 원칙 자체 내에 있다. 반면 차이점들은 이 원칙을 **구체적으로** 시행하는 데에서 생긴다. 그러므로 차이점들과 유사점들은 동시에 랑가쥬 안에, 그리고 랑그들의 내적인 구조 안에 있다. 차이점이나 유사점은 랑가쥬의 외부적인 어떤 요소에 근거하지 않는다. 랑그 안에서 유사점들이나 차이점들은 소쉬르와 우리가 형태라고 부르는 것에 속해 있으며, 형태화된 본질에 속하는 것은 아니다. 조직되는 의미는 모든 랑그에 공통적인 것, 즉 그 유사점들에 속한다고 가정할 수도 있겠지만 그것은 착각이다. 왜냐하면 의미는 랑그에서 특이한 방법으로 형태를 취하기 때문이다. 보편적인 형태화는 존재하지 않으며, 단지 형태화의 보편적인 원칙만 존재할 뿐이다. 의미 그 자체는 무형이고 스스로 형태화에 개입하지 않지만, 그 어떠한 형성화는 가능하다. 여기에 한계가 있다면, 그 한계들은 형성화에 있는 것이지 의미에 있는 것이 아니다. 그래서 모든 지식의 조건이 어떤 성질이든 하나의 분석이기 때문에 의미 자체로는 지식에 접근할 수 없다. 그러므로 의미는 형태화를 통해서만이 파악될 수 있고, 형태화 없는 과학적인 존재를 갖지 못한다.

　이러한 이유로 표현 의미든지 내용 의미든지, 의미를 언어 기술의 기반으로 삼는 것은 불가능하다. 이러한 시도는 선험적으로 성립된 의미의 형태화를 기반으로 할 때는 가능할지 모르지만, 대부분의 랑그들에서는 그 구조가 어떠하든 어긋날 것이다. 그 때문에 사변적인 존재론적 체계를 기반으로 하여 문법을 구축하는 것은, 다른 랑그를 기반으로 하여 그 랑그의 문법을 구축하는 것만큼 실패에 이르게 된다.

그러므로 우리는 또한 본질에 대한 기술(記述)을 우선적으로 언어 기술의 기반으로 도입할 수 없다. 그러나 반대로 본질에 대한 기술은 언어 형태의 기술을 전제한다. 이런 사실로 음의 보편적 체계와 내용의 보편적 체계(개념의 체계)에 대한 오랜 꿈은 실현될 수 없으며, 여하튼 언어적 현실에서 어떤 것도 취해지지 않을 것이다. 최근 다시 나타난 중세 철학의 몇몇 잔재에 비추어 음의 보편적 유형, 또는 개념들의 불변적 도식이 경험적인 방법론으로는 세워질 수 없다는 점을 명백히 할 필요가 있다. 랑그들간의 차이점들은 본질의 어떤 유형의 다른 실현들에서 오는 것이 아니라 형태화의 원칙의 다른 실현들, 달리 말하면 동일하지만 무정형인 의미와 관련된 여러 형태로부터 오는 것이다.

소쉬르가 형태와 본질을 구별하고 우리가 뒤이어 이를 구별한 고찰들은 랑그는 형태이고, 이 형태 밖에 비언어적 재료가 있다는 것, 즉 이 형태와 함께 기능을 담당하는 의미——소쉬르가 말하는 '본질'이 있다는 것을 인정하도록 한다. 언어학에서 랑그의 형태를 분석한다면, 다른 과학들이 랑그의 의미를 분석한다는 것은 매우 자연스러운 일일 터이다. 따라서 이 다른 과학들의 결과에 언어학의 결과들을 투사함으로써, 주어진 랑그 안에서 의미 위에 언어 형태를 투사할 것이다. 의미의 언어적 형태화는 자의적이기 때문에, 다시 말해 형태화는 의미가 아닌 형태의 원칙 자체와 그 실현에서 비롯되는 가능성들에 근거하여 세워지기 때문에, 언어적인 것과 비언어적인 것인 이 두 기술(記述)은 서로 독립적으로 행해져야 한다.

　유동적이고 구체적인 방법으로 이 양상을 명시하기 위하여, 의미의 기술에 실패한 과학적 학문들이 어떤 것들인지 지적하고, 현재의 언어학이 전통의 깊은 뿌리를 갖고 불명확함을 드러낸다는 점도 지적할 필요가 있을 것이다. 우리는 여기서 두 가지 요인을 주목할 것이다.

　a) 첫번째 요인에 따르면(현대 철학의 몇 가지 논쟁 사항들에 대해 알 수 없는 양상을 의도적으로 주시하면서) 의미 기술은 언어 내용에서나 언어 표현에서, 주로 **물리학과 인류학**(사회적)에 회귀하는 것으로 생각되어야 한다. 우리는 이것을 현대 철학에서 확인된 몇 가지 사항들과 관련하여 별다른 입장을 취하지 않고 서술한다. 두 측면의 본질은 일부는 물리적 대상으로 구성된 것으로 간주되며(표현 측면에서의 음과 내용 측면에서의 사물들), 그리고 일부는 말하는 주체가 이 대상들에 대하여 갖는 관념화로 간주될 수 있다. 그러므로 이 두 측면에서 의미에 대한 물리적 기술과 현상학적 기술이 실행되어야 할 것이다.

　b) 언어적 의미의 철저한 기술은 비언어학적인 모든 과학들과 협력함으로써 실현되어야 한다. 우리의 관점에서 보면, 모든 과학은 예외 없이 언어 내용을 다룬다고 할 수 있다.

　개별적인 관점을 사용하여 상대적인 증명을 함으로써, 우리는 언어학을 중심으로 모인 과학적 학문들의 합을 보게 된다. 우리는 과학적 대상을 기본적인 두 종류, 즉 랑가쥬와 비랑가쥬로 축소하고 그들 사이에서 하나의 기능, 즉 의존성을 본다.

우리는 후에 랑가쥬와 비랑가쥬의 이 기능의 성격과 함축과 전제의 관계를 논의할 것이다. 그래서 우리는 여기서 보인 관점을 확대하고 변경하게 될 것이다. 이 주제에 대한, 그리고 주로 소쉬르가 말하는 형태와 본질에 대한 언급은 일시적일 뿐이다.

이 관점에서 우리는 언어의 형태를 고려하지 않고, 언어적 의미를 분석할 수 있고, 또 분석해야 하는 다른 과학적 학문들처럼, 언어학은 이 두 측면 내에서 서로 결부된 의미에 전념하지 않은 채 언어 형태를 분석할 수 있고 또 분석해야 한다. 비언어적 과학에 의하여 내용 의미와 표현 의미가 타당하고 충분하게 기술되는 것으로 간주되어야 한다면, 언어학에서 언어 형태를 기술하고, 그리고 언어학자가 보기에 이 형태의 본질인 언어 외적 대상들 위에 그 투사를 가능케 하는 것은 바로 언어학에서이다. 그러므로 언어학의 주된 역할은 표현의 과학에서 음성학적인 또는 현상학적인 여건들을 허용하지 않고, 내용의 과학에서 존재론적 또는 현상학적 여건들도 허용하지 않은 채(이것은 과학의 기반이 되는 인식론적 전제를 무시함을 의미하는 것은 아니다) 내적이고 기능적인 기반 위에 표현의 과학과 내용의 과학을 세우는 일이다. 그렇게 해서 전통적 언어학에 대한 반발로 언어학이 세워질 것이며, 그 표현의 과학은 음성학이 아닐 터이고, 그 내용의 과학은 의미론이 아닐 것이다. 그러므로 이러한 과학은 본질과의 관련에 의해서 명칭을 얻게 될, 이름이 붙여지지 않은——다시 말해 자연적 명칭이 존재하지 않고 자의적으로 이름이 붙여지는——규격들에 운용될 랑그의 대수학이 될 것이다.

랑그의 연구에서 지금까지 전적으로 그 해결책이 무시되었던 이러한 근본적인 역할에 대면하여, 언어학은 숙고와 연구의 거대한 영역이 그 앞에 열리는 것을 보게 될 것이다. 언어의 표현에 관해, 오늘날 이 작업은 제한된 영역에서 이미 시작되었다.[30]

랑가쥬에 관한 우리의 이론은 처음부터 이러한 인식을 통하여 이루어졌고, 그 이론은 랑그에 내재된 대수학을 조직하는 것을 목표로 한다. 이전의 언어 연구들과의 불일치와 언어 외적 본질에 관한 원칙의 독립성을 지적하기 위하여, 우리는 우리의 랑가쥬 이론에 특별한 이름을 부여했으며, 그것은 1936년 이후 이론의 준비 작업에서 이미 사용하였는데, 우리는 그것을 기능주의적 **어의론**(glossématique, $\gamma\lambda\widetilde{\omega}\sigma\sigma\alpha$(랑그)에서 따옴)이라 부르고, **어의소**(glossèmes)를 이론이 설명의 기반으로 끌어내는 최소 형태, 즉 축소될 수 없는 불변체로 간주한다. 이러한 명명은 **언어학**이라는 용어가 적절치 못한 선험적인 관점으로부터 나온 랑가쥬의 잘못된 연구를 가리키기 위하여 마구 사용되지 않았다면 필요치 않았을 것이다.

그렇지만 소쉬르가 세운 '형태'와 '본질'의 구별은 상대적인 검증을 해야 한다. 다시 말해 그 구별은 랑가쥬의 관점에서만 적합할 뿐이다. '형태'는 여기서 **언어적 형태**를 뜻하고, '본질'은 우리가 이미 보았듯이 언어적 본질 또는 의미를 뜻한다. 보다 절대적인 의미에서 '형태'와 '본질'의 개념은 좀더 일반적인 범위를 갖지만, 일반화되기에는 용어가 모호하다. 물론 '본질'의 개념이 기능의 개념에 대립하지 않는다는 사실과, 언어 형태에 대하여 의미의 개념이 갖는 활동과 유사하게 주어진 한 '형태'에 직면하여 결정적으로 활동하는 기능적 총체 자체만을 지칭한다는 사실을 특별히 강조해야 하겠다. 그러나 다른 과학들에 의하여 시행된 의미의 비언어학적인 분석은, 사물의 성격을 통해 언어 외적인 성격이긴 하지만 언어적 '형태'와 비교할 수 있는 '형태'를 이해하도록 유도한다. 우리가 랑가쥬 이론의 초기 단계에서 적용하였던 일반적인 여러 원칙들이 언어학에만 유효한 것이 아니라 모든 과학에서 유효하며, 분석에서 기능에 관한 적절성의 원칙이 특히 유효하다는 점을 가정할 수 있다고 생각한다.(9장 참고) 어떤 관점의 '본질'인 것이 다른 관점에서 '형태'가 되는데, 이것은 존재론적 의미에서 '본질'이 형이상학적 개념으로 남아 있는 반면에, 기능소는 기능들의 교차점들 또는 목표만을 나타낸다는 것과 의존성의 기능망만이 지식에 접근할 수 있고 과학적 존재를 소유한다는 바와 깊은 관계가 있다.

의미에 대한 비언어적 분석은, 언어학적 연역법에 의하여 얻어진 언어적 위계와 함께 한 기능을 담당하는 언어 외적 위계를 연역법을 통해(우리가 이 용어를 사용하는 의미로) 확인하도록 이끌어져야 한다.

우리는 언어적 위계를 **언어 도식**(schéma linguistique)이라 부를 것이고, 언어 외적 위계의 결과가 언어 도식과 관련될 때, 그 결과를 **언어 사용**(usage linguistique)이라 부를 것이다. 그밖에도 언어 사용이 언어 도식을 표출한다고 말하고, 도식과 사용이 담당하는 기능을 **표출**(manifestation)이라고 부를 것이다. 이 용어들은 당분간 오로지 운용적 특성만을 갖는다.

16

언어 도식 내의 변이체들

언어 사용에서나 언어 도식에서, 우리는 어떤 규격들을 어떤 다른 규격들의 예시로 축소할 수 있다. 언어 도식의 기능소는 언어 도식 내부에서 표출을 문제삼지 않고 변이체들로 분절될 수 있다.(14장 참고) 이것은 변이체들의 정의에서 생긴다. 기능소는 자의적으로 고정된 수의 변이체로 한없이 분절할 수 있기 때문에, 분절은 보편적이며 개별적이 아니다.(11장 참고) 축소될 수 있는 불변체들만이 실현되는 반면, 축소될 수 없는 불변체 또는 변이체들이 우리가 정의한 의미에서(11장 참고) 일반적으로 잠재적인 것은 그러한 이유 때문이다.

우리는 음성학으로 향한 표현의 현대 과학에서 습관적으로 두 종류의 변이체를 구별한다. '자율'이라는 변이체는 주변 환경과 무관하고, '종속' 또는 '조건'(또는 '결합,' 이 용어는 권하지 않겠다)이라는 변이체들은 연쇄 안에 어떤 주변 환경에서 나타난다. 분석을 철저히 할 때, 표현 측면의 어떤 규격은 그 규격이 연쇄에서 가능한 관계를 갖는 만큼 종속 변이체를 갖는다고 말할 수 있다. 세밀한 음성학적 수록을 할 때 같은 음소의 두 가지 예시는 결코 동일하지 않기 때문에, 동일한 조건 내에서 어떤 규격은 가능한 예시를 갖는 만큼 자율 변이체를 갖는다고 말할 수 있다. 우리는 '자율' 변이체를 **변이소**(variations)라 부를 것이고, '종속' 변이체를 **다양소**(variétés)라 부를 것이다. 변이소는 조합된 변이체로 정의된다. 왜냐하면 그것들은 연쇄 내에서 정의되고 공존하는 규격들을 통하여 가정되지 않고, 스스로 가정하지도 않기 때문이다. 변이소들은 결합을 담당한다. **다양소**는 연대적 변이체라고 정의된다. 왜냐하면 주어진 다양소는 연쇄 내에서 다른 불변체로부터(또는 불변체의 다른 예시로부터) 주어진 다양소를 통하여 항상 가정되고, 그 다양소 스스로를 가정하기 때문이다. 음절 ta 안에 두 불변체의 두 다양소가 개입한다. 그것은 a와 함께 나타나는 t의 다양소와, 그리고 t와 나타나는 a의 다양소이고, 그들 사이에는 연대성이 있다.

표현의 현대 과학이 암시하는 두 범주로 변이체들을 분배하는 것은 기능적인 관점에서 볼 때 매우 중요하다. 그 때문에 어디서나 분배가 행해져야 한다. 언어학의 현상황에서 변이체로 분절하는 것은, 표현의 과학에서처럼 내용의 과학에서도 가능하고 필요하다는 점을 강조할 필요가 있다. 이른바 문맥적이라 일컫는 모든 의미 작용들은 다양소들을 표출하고, 모든 특별한 의미 작용들은 변이소들을 표출한다. 게다가 불변체는 우선 다양소로 분절되어야 하고, 분절된 다양소는 그 다음 변이소들로 분절되어야 하기 때문에, 간결성의 요구에 따라 랑그의 두 면에서 변이소로의 분절은 다양소로의 분절을 전제한다. 그렇지만 다양소로의 분절을 변이소로의 철저한 분절에다 연결할 수 있을 것으로 보인다. 그것이 가능하다면 특이화는 추이적이다.

다양소로 불변체를 분절하는 것이 개별적으로 취해진 각각의 '입지'에 이르기까지 지속된다면, 우리는 축소될 수 없는 다양소에 이르고, 다양소로의 분절은 더 이상 지속될 수 없게 된다. 한 다양소가 더 이상 다양소로 분절될 수 없을 때, 다양소는 **고정된다**(localisée)고 말할 것이다. 유일한 예시에 도달할 때까지 고정된 다양소가 변이소로 계속 분절한다면, 우리는 축소될 수 없는 변이소에 이르고, 변이소들로의 분절은 더 이상 지속될 수 없다. 우리는 더 이상 변이소로 분절될 수 없는 변이소를 개체(individu)라 부를 것이다. 동일 개체가 나타날 수 있는 서로 다른 '입지'에 따라 이 개체를 다양소로 분절할 수도 있으며, 이 경우 특이화는 추이적이다.

변이체로의 분절이 주어진 단계에서 더 이상 이루어질 수 없다는 사실은 변이체들의 잠재적 특성과 상반되지 않는다. 특이화의 추이성을 허용한다면, 변이체로의 분절은 원칙적으로 무한하다. 그러나 변이체로의 분절이 더 이상 이루어질 수 없다 할지라도, 각 개별 단계에서는 무한하다. 왜냐하면 변이체의 수는 무한한 텍스트에서 항상 무한하며, 변이체의 분절이 완료되어 얻은 가능 분절수 또한 개별 단계에서 무한하기 때문이다.

지속적인 추이적 특이화가 없다면, 그리고 새로운 다양소에 속할 수 없는 변이소들로의 다양소의 분절 내에서 위계가 완료된다면, 주어진 대상은 차후 과학적으로 기술될 수 없다고 인식론적인 해설에 따라 말할 수 있다. 과학적 시도의 목적이 항상 응집성의 수록에 있으므로 어떤 대상이 점멸을 수록하거나 기능의 부재를 수록하는 가능성만을 제공한다면, 정확한 처리의 가능성은 더 이상 존재하지 않을 것이다. 과학의 목적이 응집성을 수록하는 것이라고 말하는 바는, 우리의 용어를 파악하지 않는다면 과학이 대상을 이유의 결과처럼 또는 원인의 효과처럼 받아들인다는 것을 의미한다. 대상이 일률적으로 모든 것이나 어떤 것의 결과 또는 효과들인 대상으로 분해된다면, 지속되는 과학적 분석은 무의미할 것이다.

언어학에서 우리가 주장하는 목표를 실행하려는 과학이 더이상 원인과 효과의 관계를 구별할 수 없고, 더 이상 사유의 결과를 볼 수 없는 마지막 상황에 처해 있다는 것을 상상해 볼 수 있다. 그러므로 에버하르트 츠위르너가 랑그들의 음성적 표현에 관하여 체계적으로 세우려 했던 처리와 유사한 변이소를 통계적으로 다룰 유일한 가능성이 있을 뿐이다.[31]

이 경험을 잘 이끌기 위한 조건은 이러한 음도 측정의 대상이 귀납적으로 얻어진 음의 분류는 아니지만, 연역적으로 얻어진 가장 높은 등위에 위치한 다양소라는 데에 있다.

앞서 우리는 전통적인 통사론을 통해 관습적으로 기록한 규격들, 즉 주절과 종속절, 그리고 주어·속사·목적어 등과 같은 구문의 구성사들이 변이체라는 것을 주장한 바 있다.(14장 참고) 우리가 사용한 용어에 따라 그것들은 다양소들이라고 덧붙일 수 있다. 전통적 통사론(단어들 사이의 연계성에 대한 연구로 이해되는)의 주요 연구는, 랑그의 내용 측면의 다양소에 대한 연구이지만 충분히 철저하지 않다. 변이체로의 분절이 불변체의 목록을 전제함으로써 통사론은 독자적인 학문으로 유지될 수 없다.

17
기능과 합

　동일한 열의 내부에서 하나 또는 여러 부류와, 그와 함께 기능을 담당하는 한 부류를 **합**(somme)이라고 부를 것이다. 통합적 합은 **단위**(unité)이고, 계열의 합은 **범주**(catégorie)이다. 그러므로 한 단위는 동일한 열의 내부에서 하나 또는 여러 연쇄와 관계를 맺는 연쇄이고, 범주는 동일한 열의 내부에서 하나 또는 여러 계열체와의 상관성을 갖는 계열체이다. 우리는 합과 그 기능 사이에 존재하는 관계를 **배치**(établissement)라 한다. 기능이 합을 **배치하고**, 합이 기능에 의하여 **배치된다**. 예를 들어 계열론(또는 언어학적 체계)에서 우리는 상호적 상관성을 가진 다양한 범주들이 있음을 알 수 있으며, 그 범주들을 따로 떼어 본다면 그들은 구성사들 사이에 존재하는 상관성에 의해 배치된다. 불변체의 범주들에 있어서 이 상관성은 대치이고, 변이체들의 범주들에 있어서 이 상관성은 대체이다. 게다가 우리는 통합론(또는 텍스트, 언어적 과정)에서 상호적 관계를 지닌 다양한 단위들이 있다는 것을 알 수 있고, 단위들은 그들 부분들간의 관계에 의하여 각각 배치된다.

　기능들이 합들 사이 또는 기능들 사이에서 항상 존재한다는 것, 다시 말해 규격이 하나의 합이라는 점은 정의들로부터 비롯된다. 이러한 방법으로 생각하는 것을 가능케 하는 요인은 변이체들의 수가 무한하고 변이체로의 분절이 무한정으로 계속될 수 있다는 사실에 있고, 그래서 규격은 하나의 합 또는 적어도 변이체들의 합이라고 간주될 수 있다. 철저한 기술을 요구하므로 이러한 사고 방법이 필요하다.

　이론적으로 그것은 한 규격이 상호적 기능을 지닌 둘 또는 여러 규격, 즉 기능만을 지닌 과학적 존재를 다시 한 번 강조하는 결과일 뿐이라는 것을 의미한다.(9장 참고)

　실제에서 범주들 사이에 관계가 존재함을 이해하는 것은 분석에서 특히 중요하다.

　분석은 경험주의 원칙과 그것으로부터 유래하는 다른 원칙들을 고려하면서, 적합한 분석 기반을 선택하기 위하여 행해져야 한다. 우리가 선별성을 분석의 기반을 택한다고 가정하자. 첫번째 운용에서는 제시된 연쇄를 첫째 등위의 선별성의 단위들로 나눈다. 이 단위들 모두가 형성하는 범주를 **기능적 범주**라 부르고, 분석의 기반으로 취해지는 주어진 기능을 가진 유일한 분석이 기재한 기능소들의 범주라고 이해할 것이다. 이러한 기능적 범주에서 우리는 네 종류의 기능소들을 상상할 수 있다.

　1) 단지 피선별소로 나타날 수 있는 기능소.

　2) 단지 선별소로 나타날 수 있는 기능소.

　3) 피선별소나 선별소로 나타날 수 있는 기능소.

　4) 피선별소나 선별소로 나타날 수 없는 기능소. (다시 말해 연대성과 / 또는 결합성만을 갖거나, 어떠한 관계도 갖지 않는 기능소.)

　우리는 이 각각의 범주들을 **기능소의 범주**라 부를 것이며, 기능적 범주의 분절이 기능소들의 가능성에 따라 기재하는 범주들이라고 이해할 것이다. 운용은 이 기능소 범주들의 각각을 대치 시험을 통하여 구성사들로 분석하면서, 위에서 언급한 선험적으로 가능한 네 가지 기능소 범주들 가운데 어느것이 실현되는지, 그리고 어느것이 잠재적인지를 연구하는 데에 있다. 우리는 이 구성사들을 요소들이라 불렀다. 분석이 첫째 등위의 선별성의 단위로 나누어지는 분할일 때, 요소들은 분할이 수록하도록 이끈 첫째 등위의 선별성의 개별적 단위들이다.

구체적인 예로 연쇄를 주절과 종속절로 나누어 보자. 주절들은 첫번째 기능소 범주에 속하고, 종속절들은 두번째 범주에 속한다. 간결하기 위해 세번째와 네번째 기능소 범주들은 모두 잠재적이라고 가정하자. 그러므로 이 수록이 따로 취해진 종속절이 따로 취해진 주절을 선별한다고 말할 수 없음은 분명하다. 따로 떼어진 종속절은 주어진 주절의 존재를 전제하는 것이 아니라 어떤 주절이든 주절을 전제한다. 그러므로 주절들의 범주가 종속절의 범주에 의하여 선별된다. 상호적인 선별은 기능소의 범주들 사이에 존재하고, 그래서 한 기능소 범주의 구성사와 다른 범주의 구성사 사이에 있는 관계는 매우 다를 수 있다. 말하자면 결합을 예로 들 수 있다. 랑가쥬 이론의 역할 가운데 하나는, 기능소의 범주들 사이에 주어진 관계에 대응하는 요소들 간의 관계를 다루는 일반적 산출을 설정하는 것이다.

분석의 기반이 연대성 또는 결합성이라면, 다시 말해 통합체적 상호성이라면 기능소의 범주들은 다음과 같을 것이다.

1) 단지 연대적인 것으로 나타날 수 있는 기능소.

2) 단지 결합된 것으로 나타날 수 있는 기능소.

3) 연대적인 것과 결합적인 것으로 나타날 수 있는 기능소.

4) 연대적인 것이나 기능적인 것으로 나타날 수 없는 기능소. (다시 말해 선별성만 담당하는 기능소, 또는 어떠한 관계도 담당하지 않는 기능소.)

연대성 또는 결합성은 기능소 범주들 사이에 나타나며, 요소들은 다른 관계들을 담당할 수 있다. 우리는 앞에서 라틴어의 명사 형태소를 언급할 때 그 예를 보았으며(9장 참고) 수의 범주와 격의 범주는 연대적이지만, 주어진 수와 격 사이에는 결합이 있다.

18
융합

우리는 이제 전통 문법에서 **융합**(syncrétisme)의 이름으로, 현대 음운학에서는 **중화**(neutralisation)로 알려진 현상에 접근할 수 있다. 그것은 어떤 조건들 안에서 두 불변체 사이의 대치가 정지될 수 있는 현상이다. 라틴어에서 중성의 주격과 대격의 예(그리고 다른 정의에서), 그리고 덴마크어에서 음절의 마지막 위치에 있는 p와 b 사이의 중화(top 같은 단어에서 p 또는 b를 구별하지 않고 발음할 수 있는 경우)처럼 우리가 잘 아는 예들을 들 수 있다.

이러한 경우를 위하여 우리는 **정지**(suspension)라는 용어를 사용하며, 다음과 같은 일반적인 정의를 도입할 것이다. 즉 주어진 기능소가 어떤 조건에서는 나타나고 어떤 조건에서는 부재할 때, 우리는 기능소가 나타나는 조건에서 이 기능소의 **적용**이 있고 기능소는 **적용된**다라고 말할 것이며, 기능소가 부재하는 조건에서는 이 기능소의 **정지** 또는 **부재**가 있고 기능소는 **정지되**거나 또는 부재한다고 말할 것이다.

우리는 두 기능소들간에 정지된 교체를 **중첩**(superposition)이라 부를 것이고, 하나의 중첩으로 설정된 범주는(랑그의 두 측면에서) **융합**이 될 것이다. 예를 들어 라틴어의 주격과 대격은, 덴마크어의 p와 b처럼 상호적으로 서로 겹치거나 중첩을 담당하여 둘이 함께 융합을 구성하고, 또는 이들 각각이 융합에 개입한다고 말할 것이다.

따라서 주어진 조건에서 대치 시험을 기반으로 두 규격이 불변체처럼 수록될 때, 그리고 규격들이 변화된 조건에서 중합을 담당할 때, 그것들은 이 변화된 조건에서 변이체가 되며 그들의 융합만이 불변체가 된다는 정의를 얻는다. 두 경우에서 조건들은 문제의 규격들이 연쇄에서 담당하는 관계들에 종속된다. 즉 라틴어에서 주격과 대격(예를 들어 제1 어미 변화에 적용되는)의 대치는 주격과/또는 대격이 중성과 관계를 가질 때 정지된다. 그리고 덴마크어에서 p와 b의 대치(예를 들어 초성에서 pære-bære로 적용되는)는, p와/또는 b가 그들을 선행하는 중심 음절 부분과 관계를 가질 때 정지된다.

이 경우에 관여적인 관계는 **변이체**와의 관계라는 점을 잘 이해해야 한다. 그 존재가 주격과 대격간의 중첩에 필요 조건인 규격은 주격-대격과 연대적인 중성의 다양소이다. 게다가 그 존재가 p와 b 사이의 중합에 필요 조건인 규격은, 후속 위치에서 요소 p/b와 연대적인 음절 중심 부분의 다양소이다.

우리는 한 변이체와 중첩 사이의 연대성을 **지배성**(dominance)이라 부를 것이고, 변이체는 변이체에 의하여 **지배되는** 중첩을 **지배한다고** 말할 것이다.[32]

형식적 정의의 주요한 이점은, 이 용어들의 실재론적 정의들이 내포할 수도 있는 사회학적 여건들에 도움을 청하지 않아도 정의들을 통하여 선택적 지배성과 의무적 지배성을 구별할 수 있다는 점이다. 이론에서 전제 장치의 복합성을 의미하는 여건은 가장 좋은 경우이고, 형이상학적 전제들의 도입이 넓은 의미에서 결과적으로 경험주의 원칙과 역행하면서, 특히 정의들의 완전한 설명의 요구에 역행하면서 간결성의 원칙과 충돌할 수 있는 여건은 가장 나쁜 경우이다. 현재의 실재론적 정의들에 따라 지배성이 명백하든 아니든, 의무적 개념과 선택적 개념들은 랑가쥬 이론에서 전혀 쓸모없는 것으로 드러난 사회학적 규범의 개념을 반드시 가정하고 있다. 그러므로 우리는 **의무적** 지배성을 융합과 관련하여 지배사가 하나의 **다양소**인 지배성으로, 그리고 **선택적** 지배성을 융합과 관련하여 지배사가 하나의 **변이소**인 지배성으로 간단히 정의하려 한다. 주어진 조건들에서 중첩이 의무적일 때 지배사와 융합 사이에는 연대성이 있는데, 다시 말해 중첩을 할 수 있는 규격들의 범주가 있다. 반면 주어진 조건들에서 중첩이 선택적일 때, 지배사와 융합 사이에는 결합이 있다.

융합들은 두 가지 방법, 즉 **융해**(fusion)와 **반립**(implication)으로 나타날 수 있다. 본질의 위계적 관점에서 이 융합에 개입하는 기능소들이 모두 표출되는 것, 또는 아무것도 표출되지 않는 것과 동일한 융합의 표출을 **융해**라 한다. 우리가 예로 든 융합들은 융합의 표출이 모든 기능소들(즉 두 기능소)의 표출과 동일한 융해로 표출된다. 그래서 주격과 대격의 융합은 의미 작용 '주격-대격'을 갖는다. (여러 텍스트에서 이 의미 작용은 주격과 대격이 달리 갖는 다양소의 표출을 생산한다.) 마찬가지로 융합 p/b는 p와 b가 다른 곳에서(다양소의 동일한 표출을 지닌 다양한 결합에서) 발음되는 것처럼 발음된다. 표출이 융합에 개입하는 기능소들의 어떤 표출과도 동일하지 않은 융합의 예는, 융합이 [ə]로 발음되는 러시아어와 영어에서 악센트 조건에서 여러 모음이 중첩하는 경우이다. 본질의 위계적 관점에서 이 융합에 들어가는, 모두가 아닌 하나 또는 몇몇 기능소들의 표출과 동일한 융합의 표출을 **반립**이라 한다. 한 언어에서 무성 자음과 유성 자음이 상호적인 대치를 할 때, 그러나 또 다른 자음 앞에서 이 대치가 무성 자음이 또 다른 유성 자음 앞에서 유성 자음으로 되도록 정지될 때 반립이 있다. 반립을 담당하는 기능소들 사이에서 한 기능소 또는 여러 기능소들의 표출이 융합의 표출과 동일하다면, 이 기능소들은 다른 하나 또는 여러 기능소들에 **의하여 반립된다**고 하고, 후자의 기능소들은 그 표출이 융합의 표출과 동일한 전자의 기능소들을 **반립한다**고 말한다. 우리가 선택된 예에서, 주어진 조건에서 무성 자음은 유성 자음을 반립하고, 유성 자음은 무성 자음에 의하여 반립된다고 할 것이다. 무성 자음이 유성 자음 앞에서 유성음이 될 뿐만 아니라, 유성 자음이 무성 자음 앞에서 무성음이 되는 식으로 유성 자음과 무성 자음의 융합이(예를 들어 슬라브어들에서 자주 볼 수 있다) 이루어질 때, 반립은 더 이상 **일방적**이 아니고 **다방적**이거나 이 예에서처럼 **양방적**이다. 오로지 상호적인 조건에서 유성 자음은 무성 자음을 반립하고, 무성 자음은 유성 자음을 반립한다.

반립이라는 용어는 기호논리학에서 사용하는 용어와 일치하며, 개별적인 적용에 사용된다는 점을 주목할 수 있다. 우리의 예에서 반립은 절이 아니라 가장 작은 범위의 규격들에 적용되는 '만일…… 한다면 따라서(si-alors)'라는 하나의 기능이다. 만일(si) 우리가 다른 규격들과의 주어진 관계에서 어의론적인 표현의 규격 p를 갖는다면, **따라서(alors)** 우리는 q를 갖게 될 것이다. 절과 절 사이의 논리적 반립은 언어적 반립의 특수한 경우인 것으로 보인다.[33]

융합은 **분해할 수도 있고, 분해가 불가능할 수도 있다.** 융합을 **분해한다**는 것은 융합을 배치하는 중첩을 갖지 않는 융합의 다양소를 도입하는 것이다. 융합에도 불구하고 templum을 어떤 문맥에서는 주격의 형태로, 다른 문맥에서는 대격으로 해석할 수 있다면, 그것은 주격과 대격의 라틴어 융합이 이런 경우에 분해될 수 있는 뜻이다. 그것을 분해하기 위하여 주격과 대격의 범주에서, 다시 말해 융합의 내부에서 중첩을 갖지 않는 다양소를 선택해야 함으로써(예를 들어 domus의 주격 다양소와 domum의 대격 다양소) templum에서는 여기에 개입하는 격의 규격 대신 내용 규격을 인위적으로 도입해야 한다. 이는 일반화 원칙에 근거한 유추적 추론으로 가능하다. 융합은 추론들이 언어 도식의 분석 결과를 근거로 하여 가능할 때에만 분해될 수 있다. 이 일반화의 유추적 추론은 top의 경우에는 가능하지 않으므로 융합 p / b는 분해될 수 없다.

분해할 수 있지만 분해되지 않는 융합을 지닌 연쇄는 **현동화된다**(actualisée)고 하며, 반면에 분해할 수 있고 분해된 융합을 지닌 연쇄는 **이상적**(idéale)이라고 한다. 이 구별은 표현의 섬세한 표기와 거친 표기의 구별에 적용될 수 있으며, 언어 도식의 분석 기반 위에서 가능한 표기들이다.

융합을 분해하고 이상적으로 표기할 때, 그 구성사들 가운데 하나로 융합을 나타내는 이 표기(글이나 발음)는 그 자체로 반립이 되며, 융합은 문제의 구성사를 반립할 것이다. 그렇게 기술되면 이 상황은 논리적 결론의 분석을 위하여 적절할 것이며, 이 논리적 결론의 분석은 현대 논리학에 따르면 언어학적 운용이며, 따라서 언어학적 여건에 입각하여 밝혀져야 한다. 우리는 논리적 결론을 전제된 절의 분석이라고 정의하는 일이 가능하다는 것을 이미 말하였다.(10장 참고) 이제 우리는 우리의 생각을 다음과 같이 명시할 수 있다. 전제된 절을 그 결과들의 분해 가능한 융합이라고 이해해야 한다. 따라서 논리적 결론은 반립의 형태를 가지며, 이 융합의 분해로 구성된 전제된 절의 분절이다.

종합하자면 언어학의 내재적 여건에서 나온 융합의 개념은 일반화 방법으로, 우리가 언어학적이 아닌 것으로 생각하는 사실들을 밝히기 위하여 확대 연구될 수 있다고 생각한다. 그래서 부류와 부문 사이의 관계에 관한 일반적인 문제를 분명히 밝힐 수 있을 것이다. 계열체가 그 구성사들의 단순한 합이 아니라(러셀의 용어로 class as many), 어떤 다른 것으로(class as one) 간주되는 측면에서, 계열체는 분해할 수 있는 하나의 융합이다. 융합의 분해에 의하여 class as one은 class as many로 변형된다. 우리가 **개념**이라는 용어에 과학적 의미 작용을 주고자 한다면, 개념을 대상들 사이의 융합(다시 말해 개념에 포함된 대상들)으로 이해해야 하는 것은 분명할 터이다.

명시적 규격들 이외에도 규격 제로가 융합에 개입할 수 있고, 이는 언어 분석에서 특별한 중요성을 갖는다. 우리는 **내면적**이고 **선택적**인 언어 규격의 존재, 특히 '음소'[34]들의 존재를 확인할 필요성을 자주 강조하였다. 그래서 분석의 여건으로 프랑스어 단어 grand과 sourd에서 내면적인 하나의 d/t의 존재를 주장할 수 있는데, 왜냐하면 조건들이 달라질 때 위의 표현에서 d 또는 t가 나타날 수 있기 때문이다: grande과 sourde. 우리는 또한 덴마크어에서 i와 u 뒤에 γ의 선택성(yndig, kugle)이 있다고 결론내릴 것이다. 내면성과 선택성이 정지된 표출처럼 정의될 수 없다는 것은 곧 알 수 있다. 내면성과 선택성이 나타나는 조건들은, 연쇄 내에서 관계에 의하여 정착되고 지배성에 근거하기 때문에 기능들은 언어 도식에서 존재 이유를 가지고 있다. 그러므로 내면성과 선택성은 제로와의 중첩으로 이해되어야 한다. **내면성**(latence)은 지배성의 의무적인 제로와의 중첩이며(융합과 관련하여 지배사는 하나의 다양소이기 때문에), 내면성을 지닌 기능소는 **내면적**이라고 말한다. 선택성(facultativité)은 지배성이 선택적인 제로와의 중첩이며(융합과 관련하여 지배사는 하나의 변이소이기 때문에), 선택성을 지닌 기능소는 **선택적**이라고 할 수 있다.

19

촉매

분석은 기능들의 수록으로 이루어진다는 것을 살펴보았다.(9 장에서 11장 참고) 이 관점을 택할 때 기능과 기능소 사이에 존재하는 연대성을 위하여, 몇몇 기능들의 수록은 다른 방식으로는 이해할 수 없는 몇몇 기능소들을 삽입할 것이라는 가능성을 예측해야 한다. 이 내삽법(內插法)을 **촉매**(catalyse)라 한다.

촉매는 분석을 실행할 때 필수적인 조건이다. 예를 들어 라틴어의 분석에서 전치사 sine는 탈격(9장 참고)을 선별하고(지배하고), 이는 우리가 세운 정의들에 따르면 텍스트에서 탈격의 존재는 sine의 존재에 필수적인 조건임을 뜻한다. (역은 성립하지 않는다.) 실상 텍스트에서 만나는 규격들을 기계적으로 관찰하는 것을 유일한 근거로 하여 이러한 주장에 도달할 수 없음은 분명하다. sine가 탈격 없이 쓰인 텍스트는 중간에 멈추었거나 미완성인 텍스트의 경우(중단된 기록, 일부, 미완성의 구어체 언술 또는 문어체 언술)라고 상상할 수 있다. 응집성의 수록은 파롤의 이러한 종류의 돌발사를 반드시 미리 없애야 함을 가정한다. 그런데 텍스트에서 응집성의 기계적인 수록에 방해가 될 수 있는 현상들은 이러한 돌발적인 혼란에 국한되지 않는다. 돈절법(頓絶法)과 생략법도 상당 부분 랑그의 실행에 있어서 경제성에 개입한다는 것을 우리는 알고 있다. (예를 들어 "아름다운 나무여!" "네가 알았다면!" "그거야 뭐!" 등.)[35] 분석에서 이러한 기반으로 관계들을 수록해야만 한다면, 우리는 유사성에 따라(과학의 목적과는 반대로, 16장 참고) 순수한 결합을 수록하게 될지도 모른다.

그렇지만 철저성은 돈절법이 수록되는 순간 이러한 돈절법 등을 확인할 것을 요구한다. 실제로 분석은 관찰된 규격들이 제시하는 관계들과 주어진 규격을 추월하거나, 그 규격 밖의 어떤 것과 관련되는 응집성을 동시에 수록해야 한다. sine에서 중단된 라틴어 텍스트에서 우리는 탈격과의 응집성을 수록할 수 있으며, 이는 sine의 존재 조건이 내삽된다는 것을 뜻한다. 이와 비슷한 모든 경우에서 그러하다. 일반화 원칙에 따라 이 결과로부터 시작하여 한 원인의 내삽법은 가능하다.

또 한편 촉매를 시행하면서, 우리는 엄격하게 증명될 수 있는 것과는 다른 것을 텍스트에 도입하지 않도록 주의해야 한다. 우리는 sine의 경우에 탈격이 가정되었다는 것을 확실히 알고 있다. 그밖에도 라틴어 탈격이 있기 위한 필수적인 조건들도 알고 있다. 그것은 연쇄 안에서 몇몇의 다른 형태소들의 공존을 가정하며, 우리는 그렇게 형성된 형태소의 연쇄가 한 어간과의 공존을 가정한다는 것을 알고 있다. 여하튼 탈격이 범주 내에서 결정된 형태소와 연대적이 아니라 단지 형태소들의 어떤 범주들과 연대적이기 때문에, 그리고 격·수·성과 경우에 따라 비교 형태소를 포함하는 형태소의 연쇄가 주어진 명사 어간과 함께 응집성을 갖지는 않지만, 모든 명사 어간의 범주와 함께 응집성을 갖기 때문에 전치사 sine의 존재는 촉매를 통하여 탈격에 개별적 이름을 부여하지 않는다. 대부분의 경우 촉매에 의하여 부여되는 것은 개별적 규격이 아니라, 연쇄 내의 고려된 '위치'에 허용할 수 있는 모든 규격들의 분해될 수 없는 융합이다. sine의 경우 조건이나 의문으로 사용할 수 있는 것은, 오직 탈격의 속성 때문이라는 점을 알 수 있다. 그러나 탈격이 가정하는 규격들의 경우에는 단지 수라는 것, 단지 성이라는 것, 그리고 단지 비교 형태소라는 것(물론 라틴어 목록에 일치하여)과 어떤 어간이든지 단지 어간이라는 것만을 안다. 사실 그것은 어떤 규격인지 구별하지 않고 모든 규격을 가정하므로, 촉매 역시 이 사실을 위배하지 않아야 한다.

우리는 **촉매**를 한 규격이 대체될 수 있는 다른 규격으로 바뀌는 경우에 발생하는 응집성의 수록이라고 정의한다. 우리의 예에서 규격 sine는 대리 대상인 규격이며, sine + 탈격(+ 탈격에 응집적인 융합)은 대리하는 규격이다. 대리하는 규격은 항상 대리 대상인 규격(**촉매된**) + 내삽된 규격(**촉매에 의하여 도입된**)과 동일하다. 촉매에 의하여 도입된 규격의 경우, 우리가 이미 보았듯이 융합이 필수적은 아니지만 흔히 잠재적이라는 것은 의무적은 아니지만 종종 사실이다. (잠재적 규격들은 일반적 원칙을 기반으로 촉매를 통해서만 수록될 수 있다.) 그것이 내용의 규격이라면 이 규격은 제로 표현을 갖고, 그것이 표현의 규격이라면 이 규격은 제로 내용을 갖는다는 것은 항상 필수적으로 사실이다. 바로 여기에서 대리 대상인 규격과 대리 규격간의 대체에 대한 정의 안에 포함된 요구가 낳은 결과를 볼 수 있다.

2ㅁ
분석의 규격들

앞장에서 소개한 이론들과 정의들을 기반으로 하여, 즉 기술적인 성격을 지닌 필요한 수의 규칙들에 의하여 보충되고 상세하게 된 정의들을 기반으로 하여 랑가쥬 이론은 **텍스트의 분석**을 규정하게 된다. 그렇게 함으로써 직접 지각할 수 있는 '본질' 뒤에 있는 언어 형태와, 텍스트 뒤에 있는 랑그(체계)를 이 분석을 통하여 파악할 수 있다. 체계는 **범주들**로 구성되고, 그들의 정의들을 통하여 랑그의 가능한 **단위들**을 추론해 낼 수 있다. 이 절차의 핵심은 단위들을 도입하면서 형태를 본질과 연관하고, 랑그를 텍스트와 연관하는 촉매이다. 랑그의 단위들이 구체적인 변형의 몇몇 규칙들이 적용되는 몇몇 수의 형상소들로 구성된다는 점에서 절차는 순수하게 형태적이다. 이 규칙들은 형상소들과 단위들이 표출되는 본질을 고려하지 않고 설정되었다. 언어적 위계와 그 결과로 얻어진 언어적 추론은 물리적이고 생리적인 위계와는 무관하며, 일반적으로 '본질'에 대한 기술(記述)을 할 수 있는 비언어적 위계와 추론과도 무관하다. 그러므로 이 추론적인 절차로부터 의미론이나 음성학을 기대해서는 안 되겠지만, 랑그의 내용과 마찬가지로 랑그의 표현을 위하여, 비언어적 본질의 추론과의 연관을 위하여 형태적 기반을 구성하는 '언어적 대수학'을 기대해야 한다. 절차가 사용하는 '대수학적' 규격들은 어떠한 자연적인 명칭도 가지고 있지 않지만, 어떤 방법으로든지 지칭되어야 한다. 랑가쥬 이론의 합이 지닌 성격과 일치한다면, 이 지칭은 자의적이고 타당할 것이다. 자의적 성격 때문에 이 지칭은 표출을 내포하는 어떤 것도 갖지 않는다. 그리고 그 타당성 때문에 지칭은 가능한 한 간결하게 표출에 관한 정보들을 여기에 연관시킬 수 있도록 선택된다. 형태와 본질의 자의적 관계로 인하여, 언어 형태의 단 하나의 규격이 랑그에 따라 매우 다른 본질의 형태들에 의하여 표출될 수 있을 것이다. 본질의 위계에 형태의 위계를 투사하는 것은 랑그에 따라 근본적으로 다를 수 있다.

절차는 기본적 원칙들에 의하여 지배되는데(3·6·14장을 참고), 특히 텍스트의 분석을 위하여 이 원칙들에 입각하여 **철저한 기술의 원칙**을 추론할 수 있다.

기능소들이 분석의 기반으로 주어진 기능과 함께 수록되는 분석(또는 분석의 복합물)은, 가능한 한 많은 수의 기능소 범주들의 내부에서, 가능한 한 많은 수의 실현화된 기능소 범주에 모순되지 않게 진행되어야 한다.

실제로 텍스트의 분석에서, 경우에 따라 기능적 결과를 줄 수 있는 분석의 어떤 단계도 생략해서는 안 된다는 것은, 이 원칙에서 나온 결과이고(13장 참고) 가장 큰 범위의 불변체에서 가장 작은 허용 범위를 가진 불변체로 분석이 진행되어야 하며, 그래서 이 두 극점 사이로 가능한 한 큰 수의 도출 등위가 통과할 수 있어야 한다는 것도 이 원칙에서 나온 결과이다.

그 점에서 우리의 분석은 본질적으로 전통적 분석과 다른 것이 전혀 없다. 사실 전통적 분석은 범위가 매우 큰 텍스트의 부분도, 범위가 매우 작은 텍스트의 부분도 고려하지 않는다. 명시적이든 암시적이든 전통은 언어 분석이 구문을 절로 나누는 것으로 시작하기를 바라고, 반면에 구문의 군과 같이 보다 커다란 텍스트의 부분을 처리하는 것은 다른 과학들, 주로 논리학과 심리학에다 다 맡기고자 하였다. 프랑스어로 씌어지고 말해진 것으로 구성된 분석되지 않은 텍스트를 놓고, 언어학자 또는 문법학자는 처음부터 서둘러 절로 이 텍스트를 분할하는 단계에 도달하려는 자세를 가지고 있었다. 이론적으로 텍스트의 가장 큰 부분에 대한 논리-심리학적 분석은 이미 실행되었다고 가정해야 되겠지만, 전통의 정신에 따르면 이러한 분석이 이루어졌는지 아닌지, 그리고 언어학적인 관점에서 만족하게 이루어졌는지를 알고자 하는 것은 그리 필요한 일이 아니다.

우리가 여기서 제기하는 질문은 작업의 분할에 대한 문제가 아니고, 대상의 정의들에 따라 대상의 위치 설정에 관한 문제이다. 이러한 관점에서 언어학자에게 텍스트의 분석은 ―― 가장 넓은 범위의 텍스트의 부분에 대한 분석과 마찬가지로 ―― 언어학자에게 피할 수 없는 의무이다. 텍스트는 분석의 기반인 선별성과 상호성으로 나누어져야 하고, 서로 다른 모든 분석에서 가능한 한 큰 범위를 갖는 부분들을 얻도록 노력해야 한다. 매우 큰 범위를 갖거나, 또는 무한한 텍스트가 선별성·연대성 또는 상호적 결합성으로 한정된 넓은 범위의 부분으로 나누는 일이 가능하다는 것을 쉽게 볼 수 있다. 이 분할 중 첫번째 분할에서 표현의 선과 내용의 선이 생기는데, 이들은 상호적 연대성을 담당한다. 이들을 따로 분할할 때 내용의 선을 문학 장르로 분석하고, 과학들을 전제하는 것들(선별하는 것들)과 전제되는 것들(선별되는 것들)로 분석하는 일은 가능하며 필수적일 것이다. 일반적으로 문학 비평이나 과학의 분류론들은 랑가쥬 이론의 테두리 안에서 그들의 자연스러운 위치를 발견하고, 과학 분석의 내부에서 언어 이론은 그 고유한 정의를 이해할 수 있어야 한다. 절차의 진행 단계에서 보다 큰 텍스트의 부분들은 전제의 관계를 기반으로 하여, 다시 작품·저서·장·단락으로 나누어질 것이다. 그리고 나서 같은 방법으로 구문·절로 나누어지는데, 이 분할은 전제와 결론이 있는 삼단논법으로 분석하기에 이르는 분할이다. 즉 형태적 논리학이 그 문제들의 근본적인 부분들을 분명히 설정해야 하는 언어적 분석 단계이다. 우리는 이 모든 것에서 랑가쥬 이론의 전망, 그 틀 및 역량에 대한 커다란 확장과 제한된 의미의 언어학과 많은 수의 다른 학문들 사이에 연유되어 조직된 협력의 기반을 구별한다. 그런데 다른 학문들은 지금까지 일반적으로 다소 잘못되게 언어학 영역 밖에 위치하는 것으로 고려되었다.

분석의 마지막 운용에서, 랑가쥬 이론은 지금까지 더 이상 축소될 수 없는 불변체들로 간주되어 온 규격들보다 더 작은 규격에 도달하는 분할에 이를 것이다. 이것은 우리가 전통 언어학으로는 끝까지 분석할 수 없음을 보았던, 내용 측면뿐만 아니라 표현 측면에서도 적용된다. 두 측면에서 관계에 근거한 분할은 선별성이 마지막으로 분석 기반으로 사용된 단계에 이를 것이다. 이 단계에서 분석은 잠재적 요소들인 **문법 특정소**(taxè-mes)의 목록을 수록하게 될 것이다. 표현 측면에서, 문법 특정소는 간결성 원칙에 따라 실행된 엄격한 분석은 지금까지 시도된 음소 분석들의 결과와는 근본적으로 다른 결과로 이끌린다는 조건에서, **대략** 음소에 의하여 표출되는 언어 형태들이다. 그렇지만 우리는 이 문법 특정소들이 특수한 규칙에 따라 둘, 셋, 또는 여러 영역을 지닌 체계[36]로 된 이것들을 분류하는 **보편적** 분석에 의하여 나누어질 수 있다는 것을 알고 있다. 우리는 언어적 요소들이 한 범주의 내부에서 양적으로나 질적으로 다르다[37)]는 사실에 근거한 이 규칙들의 세부 사항을 여기서 다룰 수는 없다. 우리는 원칙상 지금까지 언어학자들이 소홀히 하였던 다음과 같은 사실만을 지적하는 것으로 만족할 터이다. 문법 특정소의 목록이 '하나의 체계로 조직되어' 있을 때, 그 논리적 결과는 각 문법 특정소의 최종 분할이다. 예를 들어 한 범주가 아홉 개의 문법 특정소로 된 목록을 가지고 있으며, 이것들은 질적 배분의 특별한 규칙에 따라 영역마다 세 구성사를 지닌 두 영역의 체계 안에서 분류되어 아홉 개의 문법 특정소들이 3 x 3 의 산물처럼 기술된다고 가정하자. 이제 아홉 개의 문법 특정소 각각은 한 영역의 한 구성사와 다른 영역의 한 구성사를 갖는 하나의 단위로 나타나기 때문에 영역들의 구성사들은 문법 특정소의 부분이 된다. 그 다음 이 아홉 개 문법 특정소들은 3 + 3 = 6 불변체라는 산물, 즉 영역의 구성사처럼 기술된다. 이러한 운용에 의하여 정확한 형태를 가지고 축소 원칙을 더욱 충족시키는 좀더 간결한 기술을 얻는다.(14장 참고) 이 두 영역들은 범주로서 상호적 연대성을 담당하고, 한 차원의 구성사는 다른 영역의 각 구성사와 함께 결합성을 담당한다. 영역들의 구성사들은 문법 특정소들의 부분처럼, 그리고 더 이상 축소될 수 없는 불변체처럼 나타난다. 문법 특정소 목록의 이러한 '체계로의 조직화'가 가능한 것은 주로 목록의 확장에 좌우된다. 체계로의 조직화가 가능할 때 영역들의 구성사들은 분석의 종료점이 되지만, 문법 특정소들은 종료점이 될 수 없다. 우리는 이 종료점들을 **어의소**(glossèmes)라 부를 것이며, 표현의 문법 특정소가 일반적으로 음소에 의하여 표출된다는 것을 인정한다면, 표현의 어의소는 일반적으로 음소의 부분에 의하여 표출될 것이다.

텍스트 분석의 통합적 추론이 종료된 후 계열적 추론이 시작되어, 랑그는 텍스트 분석에서 상위 등위의 문법 특정소 범주가 배분되는 **범주**로 분절되며, 이로부터 랑그의 가능한 **단위**들은 종합에 의하여 추론될 수 있다. 그래서 랑그의 이와 같은 두 가지 면(측면들)은 완전히 유사한 하나의 범주적 구조를 가지고 있다는 것을 알게 되며, 이것은 랑그의 구조적 원칙과 기호론의 성격을 이해하는 데에 있어서 중요한 발견이다. 또한 경험주의 원칙을 기반으로 실행된 랑그의 이러한 체계적 기술은, 담론의 부분(문법에서 품사라고 하는 것)에 대한 어떠한 통사론이나 학문을 허용하지 않는다는 것을 알 수 있다. 이미 보았듯이 통사론의 규격들은 대부분 다양소이고, 전통 문법의 '담론의 부분'은 재정의된 형태로 단위들의 위계 내부에서, 그리고 아주 다른 위치에서 재발견될 규격들이다.

그렇지만 범주에 대한 학문은 사항과 정의의 매우 광대하고 일관적인 장치를 암시함으로써, 이 학문이 인접 학문에서 제시되지 않은 채 세부적인 내용이 유용하게 진술될 수는 없다. 또한편 범주의 학문을 규정하는 단위들의 학문과 마찬가지로 범주의 학문은 이론의 서설에서는 다루어질 수 없다.

21

랑가쥬와 비랑가쥬

우리는 지금까지 대상을 선택하고, 그 범위를 정할 목적으로 (7장 참고) '자연'언어를 랑가쥬 이론의 유일한 대상으로 간주하면서 언어학의 전통적 개념을 추종하였다. 그러나 동시에(7장 참고) 잠재적 영역의 확장을 언급했다. 이 확장을 실행할 때가 되었으며, 이것은 다음 장들에서(21장에서 23장까지) 연구 대상이 될 것이다. 이 새로운 관점들은 자의적으로 첨가되어 결국은 무익한 권말 부록이 될 수 없으며, 반대로 '자연' 랑가쥬를 유일하게 고찰함으로써 이 관점들은 필수적으로 나타나고, 앞선 것으로부터 발생하는 피할 수 없는 논리적 결과로 절실히 요구된다는 점을 강조하고자 한다. 언어학자가 그 대상을 정의하기를 원한다면, 그는 전통적인 개념에 따라 그에게 익숙지 않은 분야에 몰입해야 한다. 기술적(技術的)인 전제에서 출발하고, 기술적인 용어로 문제를 제시하면서, 우리는 보다 일반적인 성격의 인식론적으로 부각함으로써 이러한 내용을 이미 우리 이론에서 명시하였다.

사실 우리가 제시한 일반적인 고찰뿐만 아니라 도입한 외면상의 특수한 용어들 역시 '자연' 랑가쥬는 물론, 훨씬 넓은 의미의 랑가쥬에도 적용된다는 것은 분명하다. 그것은 바로 언어 형태가 이론 안에서 '본질'(의미)을 도외시하고 연구되며, 도입된 장치는 '자연' 랑가쥬의 형태와 유사한 형태를 지닌 모든 구조에 적용될 수 있도록 이론이 세워졌기 때문이다. 우리의 예들은 '자연' 랑가쥬에서 취해졌고, 자연 랑가쥬는 우리의 출발점이지만 이 예들을 통하여 세우고 밝혀낸 '자연' 랑가쥬에만 고유한 것은 아니어서, 오히려 보다 넓은 영향력을 가지고 있다. 그래서 기능 연구와 그 분석(9장에서 11장까지 그리고 17장), 기호의 연구(12장), 표현과 내용의 연구(13장과 14장), 대치와 대체의 연구, 변이체와 불변체의 연구 및 변이체 분석의 연구(14장과 16장), 부류와 부문의 연구(10장과 18장), 그리고 마지막으로 촉매의 연구(19장)는 보편적 성격을 지니고 있으며 일반적으로 기호 체계에 유효하다. (또는 기호를 형성하는 데 쓰이는 형상소 체계에 유효하다.) 달리 말하면 '자연' 랑가쥬는 추후에 얻을 결과를 반드시 내포하는 보편적인 이론을 토대로 하여 기술될 수 있다.

우리는 이미 그것에 대하여 말한 바 있다. 우리는 과정, 체계의 개념과 그 상호 작용의 개념이 지닌 보편적 특성을 단언할 수 있다고 생각하였다.(2장 참고) 그래서 '자연' 랑가쥬에 관한 우리의 관점을 통하여 자연 랑가쥬 이론에서 문학·철학과 형식논리학의 기본적인 양상들을 이해하였고, 마침내 우리는 논리적 결론의 본성에 관하여 필요한 지적을 하지 않을 수 없었다.(10장과 18장 참고)

동시에 언어학에 익숙지 않은 많은 과학적인 학문을 고려하여 언어 내용의 의미에 대한 연구를 구성하였다. 그리고 이 점에 있어서 랑가쥬와 비랑가쥬의 경계선을 그은 셈이고(15장 참고) 그것은 우리가 임시적인 성격을 지적하였던 경계이다.

그렇게 설정된 랑가쥬 이론은, 우리가 경험주의 원칙이라고 하는 것과 함께 유지되기도 하고 소멸되기도 한다.(3장 참고) 경험주의 원칙은, 우리로 하여금 '본질'은 그 자체로 랑그를 규정할 수 없다는 결론을 가져온 소쉬르의 형태와 '본질'(의미)의 구별을 논리적 필연성으로 받아들이게 하였다. (용어에 관해서는 신중하게 13장과 15장을 참고하라.) 동일한 하나의 언어 형태에 연관된 본질의 위계에 대한 관점과는 근본적으로 다른 본질을 상상할 수 있어야 한다. 언어 형태와 의미간의 자의적 관계는 논리적 필연성이다.

전통적 음성학이 오랫동안 우세하였고 철저하지 않았기 때문에 드러나게 비경험적인 방법으로, 즉 타당성 없이 언어학자들이 '자연' 랑가쥬에 대하여 가지고 있는 개념들은 제한되었다. 구어 랑가쥬의 표현 본질이 예외 없이 '음'으로 구성되어야 한다고 믿었다. 최근에 츠위르너들이 이를 지적했듯이 파롤이 무언의 몸짓과 제스처를 동반할 수 있고, 또 파롤의 일부는 이것들로 대신될 수 있다는 사실을 고려하지 않았으며, 파롤의 기관(목·입과 코)뿐만 아니라 가로무늬 섬유질 근육도 '자연' 랑가쥬의 실행에 기여한다는 점도 고려하지 않았다.[38]

음성-제스처와 일상 제스처의 본질은 상황이 바뀔 때에 적절한 다른 본질에 의하여 대신할 수 있다. 핀란드어의 표기 같은 '음성학적' 철자와 음성학적 또는 음소적 표기에서처럼 동일한 언어 형태는 쓰기로 표출될 수 있다. 그것은 오로지 시각에 전달되고 지각되거나 이해될 목적으로 음의 '본질'로 옮겨질 필요가 없는 표기 '본질'이다. 본질의 관점에서 이 표기 '본질'은 다양한 성격을 지닐 수 있다. 또 다른 '본질'도 존재할 수 있다. 예를 들어 영어 같은 '자연' 언어의 표출처럼 능히 사용될 수 있는 전함의 신호 코드, 또는 농아용 알파벳을 생각해 볼 수 있다.

두 가지 이견(異見)이 이러한 관점과 대립한다. 첫째 이견은 모든 본질이 음성-제스처나 제스처 본질에 비교하여 '도출된 것'이며, 음성-제스처와 제스처 본질의 '자연적' 특성에 대립하여 '인위적'이라는 것이다. 그러므로 여러 등위의 '도출'이 생길 수 있는데, 신호 코드 또는 '자연' 랑가쥬에서 얻을 수 있는 문자 체계로부터 파생된 농아용 알파의 경우이다. 두번째 이견은, 상당 경우 '본질'의 변화는 언어 형태의 변화를 동반한다는 것으로써 모든 철자법이 모두 '음성적'인 것은 아니며, 분석으로 하여금 문법 특정소들의 다른 목록을 작성케 하고, 구어체 언어의 범주와는 다른 범주를 파악하도록 유도한다.

첫번째 이견은 가치가 없는 것으로, 표출이 다른 표출에서 '도출된다'는 사실은 그것이 고려된 언어 형태의 표출이라는 사실을 전혀 변화시키지 않기 때문이다. 게다가 도출된 것과 도출되지 않은 것을 결정하는 것이 항상 가능한 것은 아니다. 알파벳의 발명이 선사 시대를 거슬러 올라간다는 것을 잊어서는 안 된다.[39] 따라서 그것이 음성학적 분석에 기반을 둔다고 주장하는 것은 가능한 통시적 가설들 가운데 하나를 지지하는 것일 뿐이다. 랑그 구조에 대한 형태적인 분석에 근거를 둔다고 생각할 수도 있다.[40] 현대 언어학은 통시적 고찰이 공시적 기술에 적절하지 않다는 것을 잘 알고 있다.

두번째 이견은 첫번째 이견보다 더 적절한 것은 아니다. 왜냐하면 그것은 주어진 본질 안에서 언어 형태가 표출된다는 일반적인 사실을 변화시키지 않기 때문이다. 그렇지만 그것은 다른 표현들의 체계들이 동일한 내용 체계에 대응할 수 있다는 것을 보여 주는 이점을 준다. 그러므로 언어학자의 역할은 실제로 검증된 표현 체계를 기술하는 것뿐만 아니라, 주어진 내용 체계의 가능한 표현 체계가 무엇인가를 산출하는 것이고, 그 역도 이와 같다. 여기서 어떤 언어적 표현 체계라도 매우 다른 표현의 본질을 통하여 표출될 수 있다는 것을 경험을 통해 쉽게 보여 줄 수 있다.[41)]

그래서 여러 음성학적 사용과 여러 쓰기 사용은 하나의 동일한 언어 도식의 유일한 표현 체계와 관련될 수 있다. 랑그가 그 언어 도식의 내용 체계에 의미의 영향을 받지 않은 채 의미적 성격의 변화를 가질 수 있는 것처럼, 언어 도식의 표현 체계에 그것으로 인한 영향을 받지 않은 채 순수한 음성적 성격의 변화를 가질 수 있다. 그래서 한편으로 **음성적 변화와 의미적 변화**, 다른 한편으로 **형태적 변화**를 구별하는 것이 가능하다.

우리가 설명한 기본적인 견해에서 출발할 때, 여기서 놀랄 일은 아무것도 없다. 언어 형태의 규격들은 '대수학적' 성격을 가지고 있어서 자연적인 명칭을 가지고 있지 않으며, 그래서 이 규격들은 다른 방식으로 자의적으로 지칭될 수 있다.

본질의 여러 다른 지칭은 이에 의존하지 않는 언어 도식의 이론과는 아무 관계가 없다. 이론가들의 주된 역할은 그 범주들이 랑그이거나, 오히려 랑그의 유형들인 유형학으로부터 일반적 산출을 추론하기 위하여 랑그의 구조적 원칙을 정의를 통해 정립하는 것이다. 여기서 우선 모든 가능성을 예측해야 하고, 경험의 영역에서 잠재적인 가능성이나 '자연적' 표출 또는 '검증된' 표출이 없는 가능성도 예측해야 한다.

이 일반적 산출에서 개별 구조 유형의 표출에 대해 아무것도 내포되지 않지만, 어떤 본질이든지 그 안에서 표출될 수 있는 무언가를 내포한다. 그러므로 본질은 필수적으로 언어 형태를 조건짓지 않는 반면에, 언어 형태는 의무적으로 본질을 조건짓는다. 달리 말하면 **표출**은 선별성이며, 이 선별성 안에서 언어 형태는 불변체이고 본질은 가변체이다. 형태적 관점에서, 우리는 표출을 한 위계와 다른 위계의 도출 사이의 선별성이라고 정의한다. 소쉬르의 견해에 동의하여 표출의 불변체(표출된 것)를 **형태**라 부를 것이다. 형태가 랑그라 한다면, 우리는 형태를 **언어 도식**이라 부를 것이다. 소쉬르의 견해에 동의하면서 표출의 가변체(표출하는 것)를 **본질**이라 부를 수 있다. 그리고 언어 도식을 표출하는 본질을 언어 사용이라 부를 것이다.

이러한 전제에서 출발하여, 공식적으로 기호론을 **어떤 부문이라도 상호적 관계에 의해 정의된 부류로 된 후속 분석을 허용할 수 있어서, 이 부류의 어떤 것이든지 상호적 대체에 의해 정의된 도출로의 분석을 수용하는 하나의 위계로 정의할 수 있다.**

우리가 지금까지 전개한 모든 것에 대하여 단순한 결과인 이 정의에 따라 언어학자는 '자연' 언어뿐만 아니라 기호론——주어진 정의에 만족하는 유사한 모든 구조——을 그 대상으로 간주할 수밖에 없다. 언어(자연)는 보다 일반적인 이 대상의 개별적인 경우로 간주됨으로써, 사용에만 관련된 그 특수한 속성들은 제안된 정의에 어떠한 영향도 미치지 않는다.

여기서는 작업의 실제적 분할을 제시하지 않지만, 정의를 통하여 우리의 대상을 고정하는 것은 제시되어야 한다고 생각한다. 언어학자는 '자연' 언어들에 관심을 집중하고 다른 전문가들에게, 특히 논리학자들에게 다른 기호적 구조에 대한 연구를 맡길 수 있어야 한다. 그러나 언어학자들이 이들 구조로 유도하는 광범위한 관점들을 무시한다면, 언어들의 연구에 전념할 수 없을 것이다. 언어학자에게 이들 구조들은 직접적인 관심이 될 수 있는데, 이들 구조들은 흔히 언어보다 더 간결한 구조로 되어 있어서 예비 연구를 위하여 가장 좋은 모델이 되기 때문이다. 또한 순전히 언어학적인 전제에서 출발하여, 이 분야에서 기호논리학과 언어학의 긴밀한 협력이 언어학자에게 필요하다는 것을 언급하였다.

소쉬르 이후, 언어학이 언어가 고립된 현상으로 연구될 수 없다는 것을 인정하고 있다. 소쉬르는, 좁은 의미의 언어학은 그가 σημεῖον '기호'로부터 기호학(sémiologie)이라고 명명한 학문에 기초를 둔다고 주장하였다. 그 때문에 제2차 세계대전 이전의 몇몇 언어학 학파, 또는 언어학의 영향을 받고 기본 이론 연구에 관심을 가진 학파들(특히 체코슬로바키아에서)은 보다 일반적인 기호학의 토대로 랑그와는 다른 기호 체계, 특히 민족 의상·예술과 문학을 연구하고자 하였다.[42]

소쉬르가 변형의 추상적 구조로의 랑가쥬 개념을 순수한 형태에 관한 학문이라고 할 수 있는 어떤 것으로서 기술함에도 불구하고, 그의 《일반 언어학 강의》에서 언급한 일반론이 사회학적이고 심리학적인 토대 위에서 다루어졌던 것은 사실이다. 기호적 구조의 근본적인 자질과 아마도 모든 자질이 **놀이**라는 구조들 안에서 재발견된다는 것을 깨닫게 되면서, 소쉬르가 유사한 구조로부터 설명한 변형의 추상 구조의 개념이었다. 그가 특별한 관심을 기울였던 장기놀이 같은 것이 그 예이다. 우리가 넓은 의미의 언어학, 즉 **내재적인** 기반을 둔 '기호학'을 세우고자 한다면 무엇보다 먼저 이 관찰들에 주의를 기울여야 할 것이다. 이러한 관찰 덕분에 언어학과 기호논리학의 긴밀한 협력에 대한 가능성과 동시에 필요성이 나타난다. 현대 논리학자들은 마침 추상적 변형의 체계처럼 생각된 기호의 체계와 놀이의 체계를 그들 연구의 주요 대상으로 삼았고, 나름대로 동일한 관점에서 출발하면서 랑그를 연구하고자 하였다.[43]

새로운 정신 자세를 가지고 역사·문학·예술·음악으로부터 기호논리학과 수학에 이르는 많은 학문에 공통의 관점을 설정하는 일은 유익하고 필요한 듯하며, 이 공통의 관점에 입각하여 이 학문들이 언어학적 용어로 정의된 문제론을 중심으로 집중될 것이다. 이 학문들은 각각의 방법으로 어디까지 어떤 방법으로 대상들이 랑가쥬 이론의 요구에 일치하며 분석될 수 있는지를 명시하려고 노력한다면, 기호론에 대한 일반적인 학문에 기여할 수 있을 것이다. 이러한 방법으로 새로운 빛이 이 학문들에 비추어질 수 있고, 그들의 원칙에 비판적인 시험을 야기할 수도 있을 것이다. 그들의 협력은 모든 면에서 유용하도록 기호 체계의 일반적 지식 총체를 창출할 수 있을 것이다.

이러한 문제들의 대단히 광범위한 영역 가운데에 두 가지 특별한 질문이 우리의 관심을 끈다. 첫째, 기호적 구조의 총체 안에서 랑그에 어떤 자리를 부여해야 하는가? 둘째, 기호론과 비기호론의 경계선은 어디인가?

랑그는 계열체들이 모든 의미를 통하여 표출되는 계열론으로 정의될 수 있고, **텍스트**는 모든 의미를 통하여 표출되는 통합론으로 정의될 수 있다. **의미**는 연쇄가 하나 이상의 통합론 안에서 하나 이상의 연쇄를 표출하고/또는 하나 이상의 계열론 안에서 하나 이상의 계열체를 표출하는 변이체들의 부류이다. 실제로 랑그는 하나의 기호론이며, 그 안에서 다른 모든 기호론들, 즉 허용할 수 있는 모든 기호적 구조들과 모든 랑그들이 설명될 수 있다. 이러한 전환 가능성은 랑그만이 어떤 의미라도 형성할 수 있다는 사실에서 온다.[44] 오로지 랑그 안에서 표현될 수 없는 것이 표현될 때까지 '다루어질 수 있다.' 이 고유성으로 인해 랑그는 그 자체로 사용될 수 있으며, 모든 상황에서 대상을 채우는 데 고유하게 된다. 주목할 만한 이러한 고유성이 어디에 있는지 자문할 필요는 없다. 그것은 분명 우리가 비언어학적 기호론의 특이한 구조를 잘 알고 있다면, 보다 잘 이해할 수 있는 구조적 개별성에서 비롯되기 때문이다. 기호들을 무한하게 형성할 수 있는 가능성들과, 모든 랑그에서 넓은 범위의 단위(예를 들어 구문) 형성을 지배하는 자유로운 규칙 때문이라고 가정하는 경향이 있다. 이는 한편으로 진실되고 논리적이며, 정확하고 보기 좋으며, 도덕적인 이론화만큼이나 다른 한편으로 그릇되고 비논리적이며, 부정확하고 보기 흉하며, 비도덕적인 이론화를 허용하는 결과를 낳는다. 한 랑그의 문법 규칙들은 논리적이고 미학적이거나 윤리적인 척도라 할지라도 모든 가치의 척도와는 무관하며, 일반적으로 랑그는 특수한 궁극성을 가지고 있지 않다.

 기호론과 비기호론간의 경계를 긋고자 할 때, 놀이들이 이 경계선 가까이 있거나, 또는 경계 자체에 있다고 믿으려 한다. 놀이가 아닌 기호 체계의 구조와 비교되는 놀이의 구조를 평가하기 위하여, 언어학이나 기호논리학이 이 구조들이 지금까지 서로 무관하다고 생각한 방법을 비교하는 일은 흥미롭다. 논리학자들은 놀이, 예를 들어 장기놀이는 기호론(예를 들어 수학기호론)과 동일한 구조적 원칙에 따르는 변형의 체계라는 사실을 강조하였고, 놀이를 간단한 예시처럼 기호론의 개념화를 위한 규범인 것처럼 생각하는 경향이 있다. 언어학자들은 놀이가 경제적 가치와 유사한 가치 체계라는 점에서 유사성을 보았으며, 랑그와 다른 가치 체계를 놀이의 개념화를 위한 규범으로 생각하였다. 관점들의 차이는 역사적인 이유에서 온다. 기호의 논리적 이론의 출발점은 힐베르트의 메타 수학에 있는데, 그의 생각은 수학적 상징 체계를 그 내용은 고려하지 않고 표현의 형상소 체계처럼 간주하며, 규칙들에 대한 가능한 해석과는 별도로 놀이 규칙을 기술하는 바와 같이 변형 규칙을 기술하는 것이다. 이 생각은 폴란드 논리학자들에 의해 그들의 '메타 논리학'에 채택되었고, 그후 카르나프에 의해 기호 이론에서 채택되어, 기호론은 원칙적으로 내용이 개입되지 않은 표현 체계처럼 간주된다. 메타 기호론에서, 즉 기호론의 기술에서 **내용적 표현**(inhaltliche Redeweise)은 이 관점에 따라 **형식적 표현**(formale Redeweise)으로 대신될 수 있어야 할 것이다.[45] 반대로 언어학에서 기호 이론은 기호가 의미 작용에 의하여 정의된다는 전통에 깊은 뿌리를 가지고 있는데, 그 전통은 소쉬르가 여전히 집착하고, 대치 원칙에서 내용 형태와 표현 형태의 상호 작용에 근거하는 기호 이론으로 이끌리는 기호의 양방성과 내용 형태를 파악하는 가치 개념을 도입함으로써 명시되고 정리되어 온 전통이다.

기호의 성격에 관한 논쟁이 계속되는 논리학에서는, 이 문제점을 명목설 또는 실재론의 문제로 생각하는 것처럼 보인다.[46] 본 연구가 서론으로 사용하는 랑가쥬의 언어학 이론을 위하여, 이러한 것은 문제시되지 않지만 기호 이론에서 **내용 의미**를 포함하는 것이 필요한지 아닌지를 결정하는 일은 문제시된다. 내용 의미가 기호 도식의 정의와 기술을 위하여 무익한 것으로 드러났기 때문에, 형태의 형성과 명목론적 자세는 필요한 동시에 충분하다. 다른 한편 랑가쥬 이론이 추천한 형태적이고 명목론적인 기술은 표현 형태에 국한되지 않으며, 반대로 기술은 **내용 형태**와 함께 표현 형태의 상호 작용에서 기술의 대상을 발견한다. 소쉬르가 구별한 형태와 본질은 기호논리학에 대한 오늘날의 문제점에 적절한 것처럼 보인다.

이것을 근거로 놀이와 놀이가 아닌 기호론의 차이점과 유사점을 보다 쉽게 볼 수 있다. 기호가 있는지 없는지를 결정하는 것은 기호가 해석되었다는 사실, 다시 말해 내용 의미가 기호와 관련된다는 사실이 아니다. 기호 도식과 기호 사용 사이에 존재하는 선별성을 근거로 하여, 이론 산출에는 해석된 어떤 체계도 없으며 단지 해석이 가능한 체계들만이 있을 뿐이다. 그러므로 이 점에 관하여 순수한 대수학이나 장기놀이와 랑그 사이에는 어떤 차이점도 없다. 놀이, 또는 순수한 대수학과 같은 가(假)기호의 체계들이 기호 체계인지 아닌지를 결정하기 위해서, 철저한 기술이 우리가 두 측면을 파악하면서 운용할 것을 요구하는지, 또는 간결성 원칙이 한 측면만 충족하도록 적용될 수 있는지를 보아야 한다.

두 측면을 파악하면서 운용하라는 요구 조건은, 두 측면을 제시하고자 할 때 한 측면의 기능소와 다른 측면의 기능소가 일대 일의 관계의 동일한 구조를 두 측면이 가지고 있다는 점을 증명할 수 없는 조건임에 틀림없다. 우리는 이 두 측면이 서로 **일치하지** 않아야 한다는 점을 말하면서 그것을 검토하고자 한다. 기능소들 가운데 하나의 개별적인 어떤 도출이 다른 기능소의 개별적 도출과 완전하게 동일한 기능을 담당할 때 두 기능소들은 일치하며, 그 역도 성립된다고 말한다. 그래서 설정하려는 동일한 부류의 두 부문은, 그것이 일치하지만 대치할 수 없다면, 단 하나의 부문으로 축소되어야 하는 규칙을 제안할 수 있다. 이 규칙에 의한 시험은 우리가 **도출 시험**(épreuve de dérivé)이라고 부르는 것으로, 텍스트 분석의 각 단계에서 대치 시험과 평행하여 이론에 의해 요구된다. 이 두 시험은 주어진 대상이 기호론인지 아닌지를 결정하기 위하여 동시에 필요하다. 기호론(과정)의 가장 높은 등위의 도출에 이 시험을 적용하는 것에 대하여 여러 의견이 있으므로 여기서는 기호론의 첫째 등위의 도출, 즉 두 측면만 다룰 것이다. 두 측면은 상호적인 대치를 하지 않으며, 그들의 일치성 또는 비일치성만이 두 측면이 동일시되어야 하는지, 따로 다루어져야 하는지를 결정할 수 있다. (첫번째 경우, 랑가쥬 이론은 고려된 대상에 적용되지 않는다는 점에 주목하자.) 귀납적 경험을 통하여 도출 시험은 지금까지 관찰한 모든 랑그들에 대하여 부정적인 결과를 가지고 있으며, 아마도 기호론으로 간주되는 또는 지금부터 기호론으로 간주되어야 하는 다른 여러 구조에도 부정적인 결과를 낳게 될 것임을 알 수 있다. 도출 시험이 현대 이론이 기호론이라고 생각하는 여러 구조에 긍정적 결과를 갖는다는 점은 의심할 여지가 없는 것 같다. 해석이 표현 규격(장기 또는 다른 것)에 대응하는 내용의 규격을 재발견하는 순수한 놀이에 관련하여 이것은 쉽게 보여지고, 그래서 설정하려는 두 측면의 기능적 조직망은 동일할 것이다. 그러므로 이러한 구조는 랑가쥬 이론에서 볼 때 기호론이 아니다. 수학적이거나 논리적인 상징 체계, 또는 음악과 같은 어떤 예술이 이 관점에서 기호론으로 정의될 수 있는지 없는지를 결정하는 것은 다양한 영역에 있는 전문가들의 소관이다. 단면적으로 기호론의 기호논리학적 개념화는 우리의 정의에 따르면 기호론이 아닌, 그래서 본질적으로 진정한 기호론 구조와는 다른 구조에서 연구가 시작되었다는 점, 그리고 너무 일찍 일반화를 시도하였다는 점에서 비롯된다.

내용 의미에 연관되기 때문에 해석 가능한 이 구조들, 그러나 간결화 원칙에 따르자면 내용 형태가 촉매에 의해 도입될 수 없기 때문에 양면적이 아닌 이 구조들을 **상징 체계**(système de symboles)라 부를 것을 제안한다. 언어학에서 규격들의 해석에 관련하여 임의적으로 처신하는 규격들을 위해 상징이라는 용어를 사용하는 데 우리는 종종 주저하였다.[47] 이러한 관점에서, **상징**이라는 단어는 해설과 함께 동형인 규격들을 위해서만 사용되어야 할 것이다. 자비의 상징인 토르발센의 그리스도 같은 표상들이나 문장(紋章), 공산주의의 상징인 낫과 망치, 정의의 상징인 천평칭(天平秤), 언어에서의 의성어가 그러한 예들이다. 그렇지만 논리학에서는 보다 훨씬 넓은 의미 수용에서 상징이라는 용어를 사용하는 습관이 있고, 해석 가능한 비기호론적 규격들에 이 용어를 사용하는 데 이점이 있는 듯하다. 어떤 놀이의 해석 가능한 놀이 기구들과 동형 상징들 사이에는 근본적인 근접성이 있는 것 같다. 이는 그들 가운데 어떤 것도 기호의 특성인 형상소로의 후속 분석을 허용치 않기 때문이다. 최근에 언어학자들이 휘말렸던 기호의 성격에 관한 논쟁에서, 동형의 상징이 지닌 비문법적 특성에 관심이 모아졌다.[48] 그것은 같은 생각이기도 하지만 전통적인 의미로 형성된 생각이다.

22

내포적 기호론과 메타 기호론

앞에서 랑가쥬 이론의 유일한 대상으로 '자연' 언어를 의도적으로 간결하게 제시하였고, 앞장에서는 우리의 관점이 상당히 확대되었지만 이론의 유일한 대상은 **외연적 기호론**(sémiotiques dénotatives)인 것처럼 전개하였다. 이 용어는 어떤 측면도 기호론이 아닌 기호론이다. 우리의 관점을 확대하면서, 표현 측면이 기호론인 기호론과 내용 측면이 기호론인 기호론도 있다는 점을 증명해야 한다. 우리는 첫번째 기호론을 **내포적 기호론**(sémiotiques connotatives)이라 부르고, 두번째 기호론을 **메타 기호론**(métasémiotiques)이라 부를 것이다. 표현 측면과 내용 측면이 대립에 의해서 그리고 상대적으로 정의되기 때문에, 내포적 기호론과 메타 기호론에 관해 여기서 제시한 정의들은 단지 일시적인 '실재론적' 정의일 뿐이며, 여기에 운용적 가치를 부여할 수는 없다.

우리가 앞장에서 **기호론**을 정의하였을 때, 이 정의는 다른 기호론과 대립하여 개별적 기호론에 연관되지는 않으나 비기호론과 대립하여 기호론에 연관되었으며, 다시 말해 **기호론**을 상위 위계적 유형으로, **랑그**를 개념 또는 class as one으로 간주하였다. 이론가는 개별적 기호론을 다른 기호론과 대립시킬 때, 산출에서 기호론을 가능한 구조의 유형으로 예측한다는 것을 우리는 알고 있다. 반면에 우리는 이론가가 개별적 기호론을 그 자체로 파악하고 확인하기 위하여 텍스트의 분석에서 사용한 방법을 아직 관찰하지 않았다. 분석 방법을 세웠을 때, 우리는 제안된 대상이 둘 또는 여러 기호론의 혼합물 내에서가 아니라 주어진 기호론 안에서 작성된 텍스트라는 점을 말없이 수용하였다.

달리 말하자면, 간단한 상황 유형을 설정할 목적으로 우리는 주어진 텍스트가 구조적 동질성을 제시하고, 촉매를 통해 단 하나의 기호론적 체계를 도입할 수 있다는 것을 가정하면서 연구하였다. 그렇지만 이러한 가정은 시험에서 무너진다. 반대로 다른 텍스트들에도 일반화할 수 있는 체계의 연역적인 충분한 기반이 되기 위하여 텍스트가 지나치게 축소되지 않는다면, 그 텍스트는 일반적으로 다른 체계에 근거를 둔 도출들을 갖는다. 텍스트의 다양한 부분, 또는 부분의 부분들은 다음과 같이 나타낼 수 있다.

1. 다양한 **문체적 형태.** (운문과 산문, 두 가지 혼합.)

2. 다양한 **문체.** (창조적 문체와 모방적 문체, 이른바 정상적인 문체: 창조적인 동시에 모방적인 문체, 이른바 고풍적인 문체.)

3. **가치를 지닌 다양한 문체.** (고상한 가치의 문체와 가치가 낮은 이른바 천박한 문체, 그리고 고상하지도 천박하지도 않은 중립적 가치를 지닌 문체.)

4. 다양한 **문체의 장르.** (말하기, 글쓰기, 제스처 신호 등.)

5. 다양한 **감정적 동요.** (성냄, 즐거움 등.)

6. 다양한 **특유어**는 다음과 같이 이를 구별해야 한다.

   a) 다양한 지방 고유어. (한 공동체의 공통 랑가쥬, 사회적이고 전문적인 다양한 그룹에 속하는 랑가쥬.)

   b) 다양한 **국가 랑그.**

c) 다양한 **지방 랑가쥬**. (상용어, 방언, 사투리 등.)

d) 다양한 **외관적 특징**. (다양한 '기관' 또는 '목소리' 등의 표현에 관하여.)

문체적 형태, 문체, 가치를 지닌 문체, 문체의 장르, 감정적 동요, 지방 고유어의 유형, 국가 랑그, 지방 랑가쥬와 외관적 특징은 상호적으로 연대적인 범주들이며, 따라서 모든 외연 기호론의 기능소는 이들 각각과 관련하여 동시에 정의되어야 한다. 한 범주의 구성사가 다른 범주의 구성사와 결합할 때, 특별한 지칭을 이미 가졌거나 쉽게 가질 수 있는 혼종어가 생긴다. 고상한 가치를 지닌 문체인 창조적 문체를 위한 문학적 문체, 고상하면서도 동시에 천박한 가치를 지닌 문체인 창조적 문체를 위한 속어, 고상하지도 천박하지도 않은 가치의 문체를 위한 창조적 문체에는 은어와 코드,[49] 고상하지도 천박하지도 않은 가치의 문체인 정상적인 문체를 위한 친숙한 랑가쥬, 파롤이자 공통의 랑가쥬인 고상한 가치를 지닌 문체를 위한 웅변적 문체, 파롤과 전문적 랑가쥬인 고상한 가치를 지닌 문체를 위한 설교식 문체, 고풍적이고 문어체와 전문적 랑가쥬이자 고상한 가치를 지닌 문체를 위한 행정적 문체 등등이 있다.

이렇게 열거하는 목적은 주제를 끝까지 파헤치는 것도 아니고, 형식적으로 정의하는 것 또한 아니다. 다만 이러한 현상과 다양성이 있다는 것을 보여 주기 위함이다.

이 부류들의 개별적인 구성사와 그 결합에서 생기는 단위들을 **내포소**(connotateur)라 부를 것이다. 이 내포소들 중에서 몇몇은 기호 도식의 몇몇 체계와 연대적일 수 있고, 다른 내포소들은 기호 사용의 어떤 몇몇 체계와 연대적일 수 있으며, 또 다른 내포소들은 기호 도식과 기호 사용, 이 둘에 연대적이다. 이 것은 상황에 따라 좌우되기 때문에 미리 그것을 알 수는 없다. 극단적으로 나타날 수 있는 가능성들만을 언급할 목적으로, 외 관적 특징(다른 사람의 파롤과 대립하는 한 사람의 파롤)이 특이 한 사용만을 제시하고 특이한 도식은 제시하지 않는지(다른 사 람과 거의 다르지 않지만, 그래도 다르다), 또는 국가 랑그가 특 이한 언어 도식을 나타내는지, 또는 다른 국가 랑그와 비교할 때 두 랑그의 도식이 동일할지라도 특이한 사용만을 나타내는 지 미리 알아보는 것은 불가능한 일이다.

그 때문에 모순이 없는 철저한 기술을 하기 위하여, 이론은 이 러한 상황들을 구별할 수 있는 텍스트의 분석 절차를 규정해야 한다. 지금까지 언어학이 이러한 필요성에 거의 관심을 기울이 지 않았다는 것은 상당히 이상한 일이다. 선택된 선험적인 관점 에서 그 이유를 찾아야 할 것이며, 공준(유사 진실성에 따르면 거짓이다)을 지지한다고 믿는 사회학적 관점이 이러한 관점의 예가 될 수 있는데, 공준에 따르면 사회 규범의 존재를 근거로 하여 국가 랑그의 내적 구조는 특이하고 동질적이라고 하며, 반 대로 언어적 특징은 그 자체로 국가 랑그를 대표하는 것으로 간주될 수 있는 **무시할 수 있는 양**이라고 한다. 런던 학파만이 유일하게 신중하여 다니엘 존스가 제시한 음소의 정의는 '정해 진 문체로 개인이 말할 때의 발음법'에만 적용된다.[50]

텍스트가 무한하게 확대될 수 있기 때문에(그 생산성) 항상 '전환 가능성'이 있으며, 다시 말해 각기 기호의 부류에 속하 는 두 기호 사이에서 표현의 대체가 있으며, 기호는 그의 내포 소와 연대적이다. 이 기준은 특히 텍스트의 분석이 첫번째 운 용에서 만나는 가장 큰 범위의 기호들에게 적용될 수 있다. 텍스트의 도출(예를 들어 장)은 문체적 형태, 문체, 가치를 지닌 문체, 문체의 장르, 감정적 동요, 지방 고유어의 유형, 국가 랑그, 지방 랑가쥬 또는 외관적 특징들 가운데 어떤 것으로 옮겨 놓을 수 있다. 우리는 랑그가 아닌 기호론의 경우, 이 유통 가능성이 항상 상호적인 것은 아니라는 것을 보았다. 그러나 이 경우 일방적인 유통 가능성은 항상 가능하다. 그러므로 텍스트 분석에서 **내포소**는 부분들이 축소될 때 기능소들이 상호적 대체를 하기 위하여 기능소에 개입하는 부분들처럼 나타날 것이며, 주어진 조건에서 주어진 등위의 모든 기능소 안에서 재발견되는 부분처럼 나타날 것이다. 이것으로 내포소를 정의하는 것은 충분치 않다. 우리는 이 특징을 갖는 규격을 **지시소**(indicateur)라 부를 것이며, 두 종류의 지시소를 구별할 것이다. 하나는 **신호**(14장 참고)이고, 다른 하나는 **내포소**이다. 운용적인 관점에서 이들을 구별한다는 것은, 한 신호가 기호론의 측면 가운데 한 측면과 모호하지 않게 항상 연관되어 있다는 뜻이다. 그것은 내포소에서는 절대로 가능할 수 없다. 그 결과 내포소는 주어진 조건에서 기호론의 두 측면에서 재발견되는 하나의 지시소이다.

분석을 할 때 내포소는 연역적 방법으로 끌어내어져야 한다. 기호들은 연대적이기 때문에 다양한 내포소들과 구별됨으로써 다양소처럼 나타날 것이다. 보통의 변이체와는 반대로(16장 참고) 이 다양소는 개별적이고, 후속 분석에서 별도로 다루어져야 한다. 우리는 여러 다른 기호 도식(과 서로 다른 기호 사용)을 혼동하지 말아야 한다. 후에 동일성이 있음을 인정한다면 대조함으로써 명백해질 것이다.

여하튼 내포소 역시 외연적 기호론을 분석하는 학문이 아니라 기호론에서 유래하는 대상을 구성한다는 것은 분명하고, 내포소의 유일한 역할은 내포소를 추출하며 그것을 후속 처리를 위하여 보존하는 것이다. 그 처리는 외연적 기호론 연구를 규정하는 특별한 학문 분야에 속한다.

기호의 주어진 부류와 주어진 내포소들 사이에 존재하는 연대성이 **기호론적 기능**이라는 점은 분명하다. 왜냐하면 기호의 부류는 **내용**이라고 간주되는 내포소들의 **표현**이기 때문이다. 그래서 프랑스어라고 부르는 하나 또는 여러 기호 도식과 사용은, '프랑스어' 내포소의 **표현**이다. 이와 같이 우리가 언어적 특징 NN이라 부르는 하나 또는 여러 기호 도식과 사용은, 실제적인 특징 NN(다시 말해 어떤 사람)의 **표현**이다. 다른 경우에도 마찬가지이다. 국가 랑그가 그 나라의 '상징'이 되며, 방언이 한 지방의 '상징'이 되는 데에도 이유가 있다.

그러므로 내포소의 총체를 내용의 외연적 기호론이 표현인 내용으로 간주하고, 형성된 전체를 **기호론**, 오히려 **내포적 기호론**이라는 이름의 내용과 표현을 통하여 지칭하는 것이 적합한 듯하다. 달리 말해 외연적 기호론의 분석이 완료된 후에 내포적 기호론은 동일한 절차에 따라 분석을 따라야 한다. 여기서 다시 기호 도식과 사용의 구별이 필요하다. 내포소들은 그들과 연관되거나 연관될 수 있는 내용의 의미를 토대로 삼지 않고 상호적 기능을 토대로 하여 분석되어야 할 것이다. 그러므로 내포적 기호론의 도식 연구는 국가 랑그, 방언, 지방 고유어의 유형, 문체 등의 개념과 통상적으로 결합하는 사회적 또는 종교적 개념을 다루지 않지만, 이 연구는 외연적 기호론에서 그러하듯이 그 사용에 대한 연구와 결부시켜야 한다.

따라서 내포적 기호론은 랑그가 아닌 기호론이고, 그것의 표현 측면이 외연적 기호론의 내용과 표현, 두 측면으로 이루어진 기호들이다. 그러므로 그것은 측면 가운데 하나, 표현 측면이 기호론인 기호론이다.

여기서 놀라운 것은, 우리가 **표현 측면**이 기호론인 기호론을 발견하였다는 것이다. 폴란드 논리학자들의 작업을 통하여 알 수 있듯이, 최근의 논리학의 발전으로 우리는 **내용 측면**이 기호론인 기호론들의 존재를 파악할 수 있었다. 우리는 그것을 메타 랑가쥬라고 부른다.(**메타 기호론**이라고 말할 것이다.)[51] 다시 말해 기호론을 다루는 기호론이다. 우리의 용어에서 그것은 그 내용이 기호론인 기호론을 의미한다. 언어학 자체도 이러한 메타 기호론이다.

이미 지적하였듯이 표현과 내용의 개념은 형식적 정의를 야기할 수 없으며, 그것이 오직 대립에 의해 존재하는 규격에 임의적으로 부여한 명칭이고 부정적으로만 정의될 수 있는 명칭이기 때문이다. 기호론의 부류를 처음에는 과학적 기호론의 부류로, 그리고 비과학적 기호론의 부류로 분절하면서 또 다른 기반 위에서 정의할 것이다. 이것은 앞에서 정의한 운용의 개념를 전제로 한다. 하나의 운용인 기호론을 **과학적 기호론**(sémiotique scientifique)[52]이라 하고, 운용이 아닌 기호론을 **비과학적 기호론**(sémiotique non-scientifique)이라 부를 것이다. 따라서 내포적 기호론을 하나 또는 여러 측면이 기호론인 비과학적 기호론으로 정의할 것이며, **메타 기호론**을 하나 또는 여러 측면이 기호론인 과학적 기호론으로 정의할 것이다. 사실 우리는 일반적으로 두 측면 가운데 **한 측면**만이 기호론이라는 것을 보았다.

논리학자들의 도움으로 지적했듯이, 우리는 메타 기호론으로 다루는 과학적 기호론을 상상할 수 있고, 그들의 용어에 따라 우리는 **과학적 메타 기호론**을 그의 대상-기호론이 과학적 기호론인 메타 기호론으로 정의할 수 있다. (기호론에서 측면처럼 개입하는 기호론을 기호론의 대상-기호론이라 부른다.) 소쉬르의 용어로 **기호학**(sémiologie)은 그의 대상-기호론이 비과학적 기호론인 메타 기호론으로 정의할 수 있다. 그러므로 우리는 그의 대상-기호론이 기호학인 과학적 메타 기호론을 **메타 기호학**(métasémiologie)이라 부를 것이다.

언어학의 기본 이론뿐만 아니라 최근의 그 결과를 명시적으로 제시하기 위하여, 랑가쥬 이론은 외시적 기호론 연구에 내포적 기호론 연구와 메타 기호학을 연결해 주어야 한다. 이 임무는 언어학에 특이한 전제에 입각해서만 만족하게 해결될 수 있기 때문에 엄밀히 언어학에 귀속된다.

여기서 우리의 마지막 과업은, 언어학적 관점의 **메타 기호학**에 관한 보다 적절한 조직체를 고찰하는 것이다.

일반적으로 메타 기호론은 전체 또는 부분적으로 대상-기호론과 동일할 것이다. (동일할 수 있다.) 예를 들어 어떤 랑그를 기술하는 언어학은 기술할 때 스스로 그 랑그에 도움을 청한다. 이와 같이 랑그가 아닌 기호론을 기술하는 기호학들은 한 랑그 안에서 이러한 기술을 할 수 있다. 그 경우가 아니라면, 기호학들이 사용하는 기호론은 항상 어떤 랑그 안에서 전환된다.(랑그의 정의 참고) 그러므로 메타 기호학이 기호학의 기호론에 대하여 완벽한 기술을 제공해야 한다면, 메타 기호학은 이 기호론의 결과 자체를 많은 부분에서 되풀이하게 될 것이다. 그렇지만 간결성의 원칙으로 인해 이를 피하는 방식을 따르게 된다. 타당성을 고찰하기 위하여, 우리는 실제에서 그 대상이 기호학의 대상과 관련하여 특권적이 되도록 메타 기호학을 구상해야 할 것이다. 따라서 우리는 상위 등위의 우발적인 메타 기호학을 동일한 방법으로 대해야 하고, 이미 다루었던 대상에 비해 특권적인 대상을 갖지 않을 새로운 메타 기호학을 만들어 내는 일을 피해야 할 것이다.

그러므로 메타 기호학은 기호학으로 이미 기술된 랑그, 즉 그 안에서 이 기호학이 만들어지는 랑그에 대해 노력을 집중하지 말고, 이 랑그의 우발적인 변화 또는 랑그가 특별한 은어를 만들기 위하여 가져온 부가물에 대해 그 노력을 집중해야 한다. 그래서 절들이 랑그의 체계를 통하여 이미 예측될 수 있었던 가능한 단위라는 것을 메타 기호학이 증명할 수 있다면, 메타 기호학은 기호학 이론에 개입하는 절들을 기술할 필요가 없다는 결론을 얻는다. 그 대신 이 분야는 기호학의 특이한 용어이며, 세 가지 종류의 용어를 사용한다는 것을 알게 될 것이다.

1. 정의 가능한 것으로 기호학의 정의 체계에 속하며 그 내용이 이미 정의된, 즉 기호학 자체로 분석된(14장 참고) 용어들. 이 용어들은 메타 기호학의 특이한 분야에 속하지 않는다.

2. 랑그에서 차용되고 정의 불가능한 것으로 기호학의 정의 체계에 속하는 용어들. 이 용어들은 다른 학문에서 정의 불가능한 것들의 상황과는 반대로 기호학에서 개별적인 위상을 갖는다. 용어들은 내용 측면의 분석에서 그것을 정의할 기호학의 대상-기호론에서 차용되었다. 이 용어들 역시 메타 기호학의 특이한 분야에 속하지 않는다.

3. 랑그에 차용되지 않고(그러나 이 종류의 용어들은 랑그의 체계와 화합하는 표현의 구조를 갖는다고 가정되어야 한다) 정의 불가능한 것으로 기호학의 명제 안에 속하는 용어들. 여기서 다시 두 종류의 용어를 구별해야 한다.

a) 최종 등위의 불변체의 최종 등위의 변이소, 즉 최종 등위의 어의소의 변이소(와 신호의 변이소), 기호학이 그 분석에서 다루었던 '최소'의 최종 변이소(개체와/또는 고정된 변이소)를 지칭하는 용어들. 우리에게 정의는 분석을 의미하며, 기호학 내부에서의 분석은 여기서는 불가능하기 때문에 기호학은 이 변이소들을 정의 불가능한 것으로 관리한다. 반대로 이 변이소들의 분석은 메타 기호학 내부에서 가능해지는데, 그것은 변이체들은 기호학에 속하는 최소 기호로 기술되어야 하고, 기호학에서 랑그의 최소 기호들이 그러했듯이 기호학의 기호론에 적용된 대치 시험에 근거한 형상소로의 용해에 의해, 그리고 변이체로의 분절에 의해 변이체들이 분석되어야 하기 때문이다.

b) 모든 등위의 변이체와 불변체의 범주를 지칭하는 용어들. 하나로의 부류(classe as one)로 간주됨으로써, 그 내용들은 (a)에서 언급한 규격들의 융합 또는 규격들의 융합의 융합이 될 것이다.

그러므로 기호학의 최소 기호를 따르는 것은 메타 기호학의 일이며, 텍스트 분석을 위하여 명시된 동일한 규칙에 따라 실행된 관계적 분석에서 그 내용은 대상-기호론(랑그)의 표현 및 내용의 최종 변이체와 동일하다. 텍스트의 이러한 분석에서처럼 실행된 규격들, 즉 개별적 분석을 할 수 있는 규격들을 가능한 한 많이 수록하도록 노력해야 할 것이다.

여기서 생산될 수 있는 것을 이해하기 위하여 소쉬르가 한 형태와 본질의 구별은 그대로 유지될 수 없으며, 사실상 그의 구별은 그 위계의 내부에서 각각 두 형태들을 구별하는 것으로 드러났음을 잊어서는 안 된다. 랑그에서 한 기능소는 언어적 형태, 또는 의미의 형태처럼 간주될 수 있다. 어떤 의미에서 이러한 두 가지 관찰 방법은 동일한 것으로 간주될 수 있는 두 대상을 다르게 나타나게 하는데, 이는 채택한 관점이 다르기 때문이다. 소쉬르가 한 구별과 이에 관한 이론에 따라 언어 도식의 분석에 의해 발견된 기능소들이 어떤 이유로도 물리적 성질을 지닌 것처럼 간주될 수는 없다고 생각해서는 안 된다.

그것은 상호적 기능에 의해 정의된 물리적 규격(또는 그들의 융합)이라고 말할 수 있다. 또한 기호학의 최소 기호의 내용에 대한 메타 기호학의 분석은 상호적 기능으로 정의되는 물리적 규격들의 분석이다. 내용에서나 표현에서 기호론의 모든 규격들을 물리적 규격으로, 또는 적어도 물리적 규격으로 축소 가능한 것들로 고려하는 것이 결국 어느 정도에서 가능한지에 대한 질문은, 물리주의와 인식론만을 포함하는 현상론 사이에서 현재 벌어지고 있는 논쟁[53]에서 비롯된다. 이 논쟁에 대해 우리는 어떤 의견도 가지고 있지 않으며, 언어 도식의 이론 역시 어떤 견해를 담고 있지 않다. 다른 한편으로, 현재 언어학 논쟁에서 어의론적 관점을 지지하는 사람이나 반박하는 사람들에게서 근본적인 문제를 불신하는 어떤 경향에 대해 그 윤곽을 파악할 수 있다. 우리는 '본질의 이론가'가 촉매를 통하여 비언어적 의미의 형태를 도입하면서 분석해야 하는 대상처럼, 언어학자가 촉매를 통하여 언어 형태를 도입하면서 분석하는 대상은 물리적 성질을 지닐 수 없다고 파악하였다. 메타 기호학의 과업을 이해하기 위하여 이러한 오해를 없앨 필요가 있다. 대상-기호론에서 그 메타 기호론으로의 이행이 내포하는 관점이 변함으로써, 메타 기호학은 기호론의 방법론 자체를 적용하여, 기호학의 관점에서 이미 고갈된 분석을 다시 취하여 전개하기 위한 새로운 방법을 얻는다. 이것은 간단히 말해 랑그의 최종 변이체들이 완전히 물리적인 토대 위에 후속하는 개별 분석을 따른다는 말이다. **달리 말해, 실제 분석에서 메타 기호학은 본질의 기술과 동일하다.** 메타 기호학의 역할은, 내용의 축소될 수 없는 개체(또는 정착된 규격들)로 기호학에 남아 있는 **대상들**과, 또 표현의 축소될 수 없는 개체(또는 정착된 규격들)로 기호학에 남아 있는 **음들**(또는 글자)을 모순 없이 철저하고 가장 간결하게 분석하는 데에 있다. 기능을 기반으로 하여 이미 언급한 절차에 따라 메타 기호학적 분석은 끝까지, 그리고 변이체들이 축소될 수 없을 때까지 실행되어야 한다. 이 축소될 수 없는 변이체들을 위하여 응집성의 기준이 더 이상 아무것도 제공하지 못하기 때문에, 이유와 원인의 연계에 의한 설명은 유일하게 가능한 기술인 순수히 통계적인 기술 앞에 양보해야만 한다. 사실 물리학과 연역적 음성학의 최근 상황이다.

메타 기호론이 최종 대상들의 분석을 추진하기 위하여 내포적 기호론에 추가될 수 있고, 그래야 하는 것이 분명해졌다. 외시적 기호론의 메타 기호학이 실제로 음성학과 의미론의 대상을 재해석된 형태로 다루는 것과 같이, 순수하게 사회학적인 언어학의 주요 부분과 소쉬르의 외적 언어학은 역시 재해석된 형태로 내포적 기호론의 메타 기호론 안에서 그들의 자리를 찾을 것이다. 내용의 수많은 의미들——지리적 · 역사적 · 정치적 · 사회적 · 종교적 · 심리학적인——을 분석하는 일이 이 메타 기호론에 맡겨진다. 이 의미는 국가(국가 랑그의 내용으로), 지방(지방 언어의 내용으로), 문체를 평가하는 형태, 개인성(외면적 특징의 내용으로, 주로 성격학적인 역할), 감정의 동요 등과 연관된다. 수

많은 특수한 학문들, 그리고 무엇보다 사회학·인류학·심리학이 여기에 기여할 것이라고 예측할 수 있다.

간결성 원칙의 정신에서 상위 등위의 메타 기호학들은 설정되지 않아야 하며, 그러한 시도는 메타 기호론이 첫째 등위의 메타 기호학에 의하여 도달한 결과 이외의 어떤 결과도 가져오지 않으리라는 점을 보여 줄 수 있기 때문이다.

23
궁극적 목표

전문가가 일을 할 때 흔히 필요로 하는 자세로서, 앞서 정의한 어떤 '자연' 언어 안에서 작성된 제한된 텍스트를 위해 확실한 방법을 요구하는 것처럼, 언어학에서 랑가쥬 이론이 요구하는 것을 이론화하는 엄격히 실용적이고 기술적인 자세이다. 이는 우리 설명 중에 논리적 필요성에 따라 보다 절대적이라고 상상할 수 없는 합(合)의 개념화에 부과된, 보다 과학적이고 인본적인 폭넓은 자세에 조금씩 자리를 양보해야만 했다.

단순한 파롤 행위는 연구자로 하여금 촉매를 통해 이 행위에 응집된 한 체계를 유도하도록 강요한다. 개별적 외양은 언어학자가 분석과 종합을 통하여 파악해야 할 하나의 총체이지만, 그것은 닫혀진 총체가 아니며, 외양의 개인적인 개별성을 밝혀 주는 다른 언어 도식과 사용을 촉매를 통해 이끌도록 강요하는 외적 응집성을 갖는다. 또한 그것은 한 단위와 다양소 안에서 이 총체를 설명하는 내포적 의미를 지닌 내적 응집성을 갖는다. 방언과 문체, 말과 글, 랑그와 다른 기호론들에 있어서 이 절차는 항상 광범위한 범위들을 그려 놓는다. 체계는 그 자체로 만족하는 총체이다. 그러나 어떤 총체도 고립되어 있지 않다. 촉매에 대한 촉매는 모든 응집성을 고려할 때까지 시각적 장(場)을 확장해야 한다. 언어학자의 연구 대상이 되는 것은 따로 떼어 다루어지는 랑그뿐만 아니라 그의 구성사들이 서로 연결되어 있는 부류, 서로를 설명하고 서로를 밝히는 랑그의 전체적인 부류이기도 하다. 따로 떼어 다루어지는 유형이 기능소처럼 개별적인 경우를 다른 경우들과 연결하는 기능에 근거하여 존재하는 개별적 경우인 랑그들의 유형학과, 개별적인 랑그 유형에 관한 이론 사이에 경계선을 그을 수는 없다. 랑가쥬 이론을 산출하는 유형학에서 모든 언어 도식은 예측된다. 모든 언어 도식들은 하나의 체계를 구성하고, 그 체계 안에서 언어 도식들이 상관성에 의해 서로 연결되어 있다. 우리는 또한 관계를 증명한다. 랑그들 사이의 접촉은 일부는 차용 관계처럼 일부는 발생론적인 언어적 근접성처럼 드러나며, 언어적 유형과는 무관하게 어족(語族)을 형성한다. 다른 관계들처럼 이 관계도 과정의 부분들 사이에 존재하는 관계와 마찬가지로, 시간의 연속성에 의해 그 자체로 정의되지 않은 채 시간 안에서 표출되는 순수한 전제들의 관련성에 근거를 둔다.

촉매로의 촉매, 내포적 기호론, 메타 기호론, 메타 기호학은 반드시 이론에 통합되어야 한다. 그래서 첫 심의 순간에 대상-기호론의 도식을 앞에 두고, 잠시 동안 비기호론적 대상처럼 제거되어야 했던 모든 규격들은 재통합되었고 상위 등위의 기호 구조에 필요한 부문으로 수용되었다. 그리고 나면 기호론의 부문인 비기호론들은 존재하지 않으며, 마지막 심의 순간에는 랑가쥬 이론이 차지하는 주된 위치에 입각하여 밝혀질 수 있는 어떠한 대상도 존재하지 않게 된다. 기호론적 구조는 모든 과학적 대상이 검증될 수 있는 하나의 관점처럼 드러난다.

그러므로 랑가쥬 이론은 이론에 부과된 모든 의무를 처음부터 의심의 여지없이 완수한다.(2장과 7장 참고) 그 출발점에서 이론은 유일한 목적으로 항구성, 체계, 내적 기능을 지님으로써 내재성 안에 설정되었다. 외면적으로 이것은 변동과 뉘앙스의 대가를 치르고, 구체적이고 물리적이며 현상학적인 삶과 현실의 대가를 치르고 만들어져야 했다. 우리의 시각적 장(場)을 일시적으로 제한한 것은 랑가쥬에서 그 비밀을 캐낼 때 지불해야 하는 대가였다. 따라서 이 내재적인 관점 덕분에 랑가쥬는 우선적으로 요구하였던 것을 기꺼이 되돌려 준다. 현대 언어학이 부여하는 것보다 더 넓은 의미의 랑가쥬는 지식의 영역에서 중요한 위치를 다시 확보하였다. 선험성에 실패한 대신에, 반대로 내재성은 랑가쥬에 더욱 단단하고 새로운 기반을 다시 마련해 주었다. 내재성과 선험성은 내재성에 근거를 둔 상위 단위 안에서 서로 만난다. 언어 이론은 내적 필요에 따라 그 세부 사항이나 총체 내에서, 그 도식과 사용 내에서 언어 체계뿐만 아니라 랑가쥬 안에 현존하는 인간과 인간 사회를 파악하게 되었고, 랑가쥬를 통하여 인간의 지식 분야에 통째로 접근하게 되었다. 랑가쥬 이론은 그가 설정한 목표인 **인간성과 보편성**(humanitas et universitas)에 그렇게 도달하였다.

각 주

1) 개념(concept)은 아리스토텔레스 논리학의 정신 작용의 결과이다. 예를 들어 '고양이'라는 개념은 정확히 어떤 고양이 하나를 가리키는 것이 아니라, 어떤 고양이를 쥐가 아니라 '고양이'라고 부를 수 있게 하는 특징 모두를 칭한다. 사항(terme)은 '개념'의 언어학적 표현이다. (역주)

2) 판단(jugement)은 개념들간의 관계를 말하며, 명제는 '판단'의 언어학적 표현이다. (역주)

3) Leonard BLOOMFIELD, 〈A set of postulates for the science of language〉(*Language* II, 1926, 153-164쪽). Karl BÜHLER, *Sprachtheorie*, Iéna, 1934, 상동, 〈Die Axiomatik der Sprachwissenchaften〉(*Kantstudien* XXXVIII, 1933, 19-90쪽).

4) Ferdinand de SAUSSURE, 《일반 언어학 강의》, Ch. BALLY와 Alb. SECHEHAYE, 파리, 1916, 2판(1922), 3판(1931, 1949).

5) 경험론(empiricism) : 모든 지식은 경험에 의해서 습득된다고 하는 철학 사상. 합리론(rationalism)에 대조되며, 관찰·실험·귀납이 중시된다. 언어학에서는 언어 습득의 문제와 관련되는 것으로, 특히 촘스키는 미국의 구조주의 언어학을 경험론적이라 하고 촘스키 자신의 사상을 합리론적이라 한 바 있다. (역주)

6) 1637년 6월에 발행된 르네 데카르트의 저서 《방법 서설 *Discours de la méthode*》에 수록된 규칙들이다. 제1규칙은 〈diviser chacune des difficultés que j'examinerais en autant de parcelles qu'il se pourrait, et qu'il serait requis pour les mieux résourdre〉; 제2규칙은 〈conduire par ordre mes pensées, en commençant par les objets les plus simples et les plus aisés à connaître, pour remonter peu à peu, comme par degrés, jusques à la connaissance des plus composés(······)〉; 제3규칙은 〈faire partout des dénombrements si entiers, et des revues si générales, que je fusse assuré de ne rien omettre〉이며, 이들 규칙은 각각 분석(l'analyse)·종합(la synthèse)·열거(le dénombrement) 규칙이라 불린다 —— *Encyclopaedia universalis* Vol. 5, 466쪽, 〈Descartes〉에서 —— Encyclopaedia Universalis France S. A. 1968. (역주)

7) 서양 철학의 커다란 두 사상적 조류인 명목론(nominalism)과 실재론 (realism) 가운데 하나. 어떤 단어의 개념으로서의 보편소(universal)가 인식 주체의 마음 밖에 실제로 존재한다고 생각하는 입장이다. 플라톤으로부터 연유하는 초월적 실재론(transcendental realism)과 아리스토텔레스로부터 내려오는 내재적 실재론(immanent realism)이 있다. 《언어학 사전》, 이정민, 배영남, 한신문화사, 1982, 635쪽. (역주)

8) 언어의 구체적 자료를 중시하고 거기에서 추출되는 형태·구조, 혹은 음소·형태음소·변별 자질 등 형식적 구성물에 적극적인 관심을 나타내는 언어학의 유형을 형식주의적이라 하고, 역으로 이들에 관해서 별로 관심을 갖지 않는 언어학의 유형을 실재주의적이라 한다. 예를 들어 변형 생성 문법은 전체적으로 보아 형식주의에 속한다. 《언어학 사전》, 이정민, 배영남, 한신문화사, 1982, 294쪽 참고. (역주)

9) 보충성의 예로 실사와 형용사와의 관계, 모음과 자음과의 관계를 들 수 있다.

10) 두 정의 가운데 가장 일반적인 최근 형태를 취한다면, **언어학**이라는 용어는 기호론으로 대신될 것이다. 랑그와 **기호론**의 차이는 131-134쪽을 참조할 수 있다.

11) 또는 《연결 고리 *chaînons*》.

12) 이 문제는 18장에서 다시 다룰 것이다.

13) 1819년 야코프 그림 이후 인도유럽어의 어원적 친족 관계를 갖는 단어 가운데 특정 모음의 변화를 가리킨다. 이전에는 모든 종류의 음 변화, 특히 불규칙적인 음의 변이를 가리켰으나 그림 이후, 특히 게르만어의 음운 현상 (시제 또는 수 형태소에서 체계적으로 나타나는 모음 교체)을 가리키며, 흔히 움라우트의 대체 개념으로 사용된다. 예를 들어 독일어 동사의 강변화에서 나타나는 어간의 모음 교체, sing, sang, gesungen 또는 fahren의 명사형 Fahrt 의 형성 과정에서 볼 수 있는 Fuhre-Fahrt-Furt-조어 Gefährt 등의 모음 교체가 있다. Buβmann Hadumod, Lexicon der Sprachwissenshaft, 1983, Stuttgart 참고. (역주)

14) a·o·u의 전설음화 현상이다. (역주)

15) 또는 《등가 *équivalence*》(cf. H. J. ULDALL, 〈On Equivalent Relations〉, *Travaux du Cercle linguistique de Copenhague* V, 71-76쪽).

16) 또는 《연계 *connexion*》.

17) 서로 다른 기능들을 나타내기 위해 사용된 어의론적 상징 체계는 a와 b

가 어떤 사항이든지를 나타내고, v는 가변항을, c는 불변항을 제시하는 것을 다음 예시들에서 볼 수 있다. 기능: a φ b; 관계: a R b; 상관: a : b; 한정: v⋙ c 또는 c ⋘ v; 선별화: v→c 또는 c←v; 특이화: v |—c 또는 c—| v; 상호 의존: c↔c; 연대성: c∞c; 보충성: c↓c; 점멸: v | v; 결합: v—v; 자율: v↑v. 사항의 수는 물론 둘로 제한되지 않는다.

18) Leo WEISGERBER, *Germanisch-romanische Monatsschrift* XV, 1927, 161쪽 및 이하, 상동; *Indogermanische Forschungen* XXXXVI, 1928, 310쪽 및 이하, 상동 *Muttersprache und Geistesbildung*, Göttingen, 1929.

19) 소쉬르, 《일반 언어학 강의》, 2판, 155-157쪽.

20) 이 언어들 가운데 몇몇 언어에서는 같은 의미가 매우 다른 언어 연쇄의 형태를 가질 수 있다는 것을 이론화하였다. 예를 들어 프랑스어에서는 je l'ignore, 에스키모에서는 αsuk 또는 αsukiαk(αssez '충분히!'를 의미하는 αso 에서 파생된 것).

21) Otto JESPERSEN(1860-1943)은 몇몇 언어들의 언술을 구성하는 요소들을 가장 쉽게 제시할 수 있는 상징 체계를 제시하였는데, 이것은 화학에서 사용된 상징들로서 언어 분석에서 원칙의 구체적인 적용을 위한 것이다. 주요 저서로는 *La philosophie de la grammaire*과 *La syntaxe analytique*가 있다. (역주)

22) 이 점에 대한 최근 이론은 **언어적 동일화**의 개념에 대한 분석을 전제한다. 여러 관점에서 이를 다룬 것을 최근 발간된 책에서 볼 수 있다. (F. de SAUSSURE, 《일반 언어학 강의》, 2판, 150쪽 및 이하. 그리고 러셀의 유형에 관한 위계의 기반에 대해서는 U. SAARNIO, *Untersuchungen zur symbolischen Logik*(*Acta philosofica Fennica* I, Helsingfors, 1935)와 의견을 같이하는 A. Penttilä(*Actes du IVe Congrès international de linguistes*, Copenhague, 1938, 160쪽 및 이하); Penttilä와 Saarnio의 *Erkenntnis* IV, 1934, 28쪽 및 이하를 참고하라.) 일시적 성과를 통해 형태적 정의에 따라 방법에 도달하는 것이 얼마나 어려운지, 그리고 **축소** 개념을 통해 방법에 도달하는 것이 더 간단하다는 것을 알 수 있다. 그러므로 여기서 동일화 문제는 쓸데없이 복잡한 것으로 제쳐둘 수 있다.

23) *Actes du Ier Congrès international de linguistes*, Leiden, s. a., 33쪽. *Travaux du Cercle linguistique de Prague* IV, 1931, 331쪽. N. S. TROUBE-TZKOY, Grundzüge der Phonologie(*Travaux du Cercle linguistique de Prague* VII, 1939, 30쪽).

24) D. JONES, *Travaux du Cercle linguistique de Prague* IV, 1931, 77쪽 및 이하. D. JONES, *An Outline of Englisb Phonetics*, 5판, Cambridge, 1936, 49쪽 및 이하.

25) D. JONES, *Le maître phonétique*, 1929, 43쪽 및 이하, *Travaux du Cercle linguistique de Prague* IV, 74쪽 및 이하.

26) D. JONES, *Proceedings of the International Congress of Phonetic Sciences*(*Archives néerlandaises de phonétique expérimentale* VIII-IX, 1993), 23쪽.

27) L. BLOOMFIELD, *Language*, New York, 1933, 119쪽. George L. TRAGER, *Acta Linguistica* I, 1939, 179쪽. 우리의 관점에서 폴란드어에서 표현 체계를 세밀히 분석할 때, 두 경우에서 다른 차이점들을 보게 될 것이다. 그렇지만 이것은 원칙을 무효화시키지 않으며, 더구나 분석 단계에서 그 적용을 무효화시키지도 않는다. D. JONES의 예—유형 h와 ŋ에서도 마찬가지이다.

28) 이 주제에 관해서는 H. G. WIWEL, *Synspunkter for dansk sproglære*, Copenhague, 1904, 4쪽을 보시오.

29) 저자가 쓴 책(L. HJELMSLEV, *Principes de grammaire générale*, Det Kgl. *Danske Videnskabernes Selskab, Hist—filol. Medd.* XVI, 1, Copenhague, 1928, 특히 89쪽)을 보시오.

30) 비음성학적 기반의 표현 범주 기술에 관하여 L. BLOOMFIELD는 영어와 부분적으로 다른 언어들을(*Language*, New York, 1933, 130쪽 및 이하), George L. TRAGER는 폴란드어를(*Acta Linguistica* I, 1939, 179쪽), Hans VOGT은 노르웨이어를(*Norsk tidsskrift for sprogvidenskap* XII, 1942, 5쪽 및 이하), H. J ULDALL은 덴마크어(*Proceedings of the Second International Congress of Phonetic Sciences*, Cambridge, 1936, 54쪽 및 이하)와 호텐토트어를(*Africa* XII, 1939, 369쪽 및 이하), A. BJERRUM은 피욜드 Fjolde 지방의 덴마크 방언을(*Fjoldemålets Lydsystem*, 1944), J. KURYLOWICZ은 고대 그리스어를(*Travaux du Cercle linguistique de Copenhague* V, 1949, 56쪽 및 이하), Kund TOGEBY는 프랑스어(*Structure immanente de la langue franç-aise*, 1951) 그리고 L. HJELMSLEV는 리투아니어(*Studi baltici* VI, 1936-37, 1쪽 및 이하)와 덴마크어(*Selskab for nordisk filologi*, Årsberetning for 1948-49-50, 12-23쪽)를 통해 다루었다. 이 관점은 분명하고 단호하게 F. de SAUSSURE(*le Mémoire sur le système primitif des voyelles*, Leipzig, 1879)

에서 볼 수 있다. 방법론은 그의 제자 A. SECHEHAYE에 의해 명시적으로 이론화되었다. (*Programme et méthodes de la linguistique théorique*, Paris, 1908, 111, 133, 151쪽.)

31) 그의 저서 *Nordisk tidsskrift for tale og stemme* II, 1938, 특히 179쪽 및 이하를 보시오.

32) 인용된 예에서는 지배성이란 용어보다 융합이라는 좀더 개별적인 용어가 적합할 것이며, 언어적 결여성에도 적용되는 좀더 일반적인 용도로 지배성이라는 용어를 사용할 수도 있다.

33) 절을 복합 명사로 간주할 때 유사성은 더욱 충격적이다. J. JØRGEN-SEN, 〈Reflexions on Logic and Language〉, *The Journal of Unified Science*, 8, La Haye, 1939-40, 223쪽 및 이하와 〈Empiricism and Unity of Science〉, *The Journal of Unified Science*, 9, La Haye, 1941, 185쪽 및 이하 참고.

34) J. BAUDOUIN DE COURTENAY, 〈Fakultative Sprachlaute〉(*Donum natalicium Schrijnen*, 1929, 38쪽 및 이하), A. MARTINET는 프랑스어 분석에서 내면적인 h를 다루었다. (*Bulletin de la Société de linguistique de Paris*, XXXIV, 1933, 201쪽 및 이하.)

35) 프랑스어의 beau, belle이 지닌 어휘 의미는 일반적으로 '아름다운'이지만, bel arbre!는 '나무다운 나무' 또는 '제대로 된 나무'로 해석되어 일반적인 의미를 상실하고 있다. 또한 Si tu savais!의 경우도 반과거 특수 용법 가운데 후회를 나타내며, Parce que!는 절이 뒤따르지 않은 채로 대화 상황에 따라 쓰이는 표현이다. (역주)

36) 저자가 세운 체계들을 참고하시오. *La Catégorie des cas* I-II(*Acta Jutlandica* VII, 1과 IX, 2, 1935-37). 유사한 체계들은 표현 측면에 세워질 수 있다.

37) *La Catégorie des cas* I, 112쪽 및 이하와 Jens HOLT의 *Etudes d'aspect*(*Acta Jutlandica* XV, 2, 1943), 26쪽 및 이하를 보시오. 랑가쥬 이론의 이러한 양상에 대한 완전한 제시(Cercle linguistique 27/4, 1993년에 발표)는, *Structure générale des corrélations linguistiques*(*Travaux du Cercle linguistique de Copenhague* XIV)라는 제목으로 곧 출간될 것이다.

38) Eberhard ZWIRNER et Kurt ZWIRNER, *Archives néerlandaises de phonétique expérimentale* XIII, 1937, 112쪽.

39) 이 점에서 B. RUSSELL은 인간의 가장 오래 된 표현 방법이 글인지 파롤인지를 결정하기 위한 기준은 없다는 점을 강조하였다. (*An Outline of*

Philosophy, Londres, 1927, 47쪽.)

40) 이 주제에 관해 저자가 쓴 *Archiv für vergleichende Phonetik* II, 1938, 211쪽 및 이하를 보시오.

41) 쓰기와 말하기의 관계에 대해서는 A. PENTTILÄ와 U. SAARNIO(*Erkenntnis* IV, 1934, 28쪽 및 이하)와 H. J. ULDALL(*Congrès international des sciences anthropologiques et ethnologiques, Compte rendu de la deuxième session*, Copenhague, 1939, 374쪽)을 보시오. 구조주의적 관점에서 쓰기에 관한 가장 오래 된 분석과 고찰로는 J. Baudouin de COURTENAY, *Ob otnošenii russkogo pis'ma k russkomu jazyku*, St. Petersbourg, 1912와 *Vvedenie v jazykovedenie*, 4판, 1912, 15쪽 및 이하를, 그리고 F. de SAUSSURE(《일반 언어학 강의》, 2판, 특히 165쪽)를 들 수 있다. 명확한 연구는 아니지만 Josef VACHEK, *Zum Problem der geschriebenen Sprache*(*Travaux du Cercle linguistique de Prague* VIII, 1939, 94쪽 및 이하)의 연구도 있다. 음을 추상화하는 글쓰기의 분석은 아직 시행되지 않았다.

42) P. BOGATYREV, *Příspěvek k strukturální etnografii*(*Slovenská Miscellanea*, Bratislava, 1931) ; 상동, *Funkčno-štrukturálna metoda a iné metody etnografie i folkloristiky*(*Slovenské pohl'ady* LI, 10, 1935) ; 상동, *Funkcie kroja na moravskom Slovensku*(*Spisy národopisného odboru Matice slovenskej* I, Matica Slovenská, 1937)(프랑스어로 요약 68쪽 및 이하). Jan MUKAŘOVSKÝ, *Estetická funkce, norma a hodnota jako sociá-lnífakty*(사회적 현상으로서의 미적 가치와 규범, 기능), Prague, 1936 ; 상동, *L'art comme fait sémiologique*(*Actes du huitième Congrès international de philosophie à Prague*, 2-7 septembre 1934, Prague, 1936, 1065-1072쪽)를 보시오. 일반적인 기호학을 만들려는 총체적 시도가 최근 E. BUYSSENS에 의해 이루어졌다. *Les langages et les discours*(Collection Lebègue), Bruxelles, 1943.

43) 주요 저서로는 Rudolf CARNAP의 *Logische Syntax der Sprache*(Vienne, 1934)가 있다. 1937년에 증보판 *The Logical Syntax of Language*가 출간되었다.

44) 우리는 폴란드 논리학자 Alfred TARSKI와는 무관하게 이를 관찰하였다. (*Studia philosophica* I, Lwów, 1935.) J. JØRGENSEN, *Træk af deduktionsteoriens udvikling i den nyere tid*(*Festskrift udg. af Københavns Universitet*, nov. 1937) 15쪽을 보시오.

45) 문제에 관한 소개로 우리는 앞에서 인용한 J. JØRGENSEN의 개관과

L. BLOOMFIELD의 *Language or Ideas?*(*Language* XII, 1936, 89쪽 및 이하), Otto NEURATH와 Eino KAILA의 *Theoria* II(1936, 72과 83쪽 및 이하) 잡지에 실린 논문들을 읽을 수 있다. C. H. von WRIGHT, *Den logiska empirismen*, Stockholm, 1943을 참고하시오.

46) 예를 들어 U. SAARNIO, 인용한 저서, 81쪽.

47) SAUSSURE(《일반 언어학 강의》, 2판, 101쪽)는 상징을 비임의성이라고 정의했다.

48) E. BUYSSENS, *Acta Linguistica* II, 1940-1942, 85쪽.

49) 은어는 특수한 기호에 중립적인 가치를 지닌 문체로 정의될 수 있고, 코드는 표현의 특수한 표출에 중립적인 가치를 지닌 문체로 정의될 수 있다. **장르의 문체**를 주어진 문학 장르와 관련된 특유어에 적용하면서(몇몇 고대 그리스어 방언들에서 전형적인 예를 볼 수 있다), 우리는 **용어**를 은어와 장르의 문체, 그리고 **과학적 기호론**(상징 체계가 아니라는 조건에서)을 코드와 장르의 문체로 정의할 수 있다.

50) 각주 26)을 보시오. 특히 D. JONES, *Travaux du Cercle linguistique de Prague* IV, 1931, 74쪽.

51) 이 주제에 관해서 J. JØRGENSEN의 발표문(각주 44) 참고) 9쪽 및 이하를 보시오.

52) 우리가 단순히 **과학**이라고 하지 않는 것은, 몇몇 과학들이 우리가 말하는 의미에서의 기호론이 아니라 상징의 체계일 수 있다는 점을 염두에 두어야 하기 때문이다.

53) 이 주제에 관해 특히 이미 인용된 BLOOMFIELD와 NEURATH의 논문(139-140쪽, 주)과 Alf ROSS의 〈On the Illusion of Consciousness〉(*Theoria* VII, 1941, 171쪽 및 이하)을 보시오.

정의

* 괄호 속에 있는 숫자는 관련되는 앞선 정의들을 지시한다.

1. **분석** analyse, analyse, analysis: 다른 대상들과 동질적인 의존성들을 통해 어떤 대상을 기술하고 쌍무적으로 다른 대상들을 기술하는 작업.

2. **부류** classe, klasse, class: 분석을 따르는 대상. (1)

3. **부문** composantes, afsnit, components: 하나의 분석을 통해 부류와 동질적으로 의존적인 것으로 수록되는 대상들. (1, 2)

4. **위계** hiérarchie, hieraki, hierarchy: 부류들의 부류. (2)

5. **분석들의 복합체** complex d'analyses, inddelingskomplex, analysis complex: 하나의, 그리고 동일 분석의 부류. (1, 2)

6. **운용** opération, operation, operation: 경험주의 원칙에 부합하여 기술하는 작업.

7. **종합** synthèse, syntese, synthesis: 한 부류의 부문으로 대상을 기술하는 작업. (2, 3)

8. **기능** fonction, funktion, function: 분석 조건들을 만족시키는 의존성. (1)

9. **기능소** fonctif, funktiv, functive: 다른 대상들과 관련하여 한 기능을 갖는 대상. (8)

10. **담당한다** contracter, indgå, contract: 한 기능소는 그 기능을 담당한다고 말한다. (8, 9)

11. **규격** grandeur, størrelse, entity: 기능이 아닌 기능소. (8, 9)

12. **불변항** constante, konstante, constant: 어떤 기능소의 존재에 필수 조건이 되는 기능소를 가리키며, 이 기능소는 어떤 기능소와 관련하여 한 기능을 갖는다. (8, 9)

13. **가변항** variable, variabel, variable: 어떤 기능소의 존재에 필수 조건이 아닌 기능소로서, 이 기능소는 어떤 기능소와 관련하여 기능을 갖는다. (8, 9)

14. **상호 의존성** interdépendances, interdependens, interdependence: 두 불변항 사이의 기능. (8, 12)

15. **한정** détermination, determination, determination: 한 불변항과 한 가변

항 사이의 기능. (8, 12, 13)

16. **점멸** constellations, konstellations, constellations: 두 가변항 사이의 기능. (8, 13)

17. **응집성** cohésion, kohæsion, cohesion: 기능소들 가운데 적어도 하나가 불변항인 기능. (8, 9, 10)

18. **쌍무성** réciprocité, reciprocitet, reciprocity: 불변항 또는 가변항만을 가지고 있는 기능. (8, 12, 13)

19. **연역법** déduction, deduktion, deduction: 분석들간의 한정이 있는 지속적인 분석 또는 분석들의 복합체. (1, 5, 15)

20. **절차** procédure, procedure, procedure: 상호적 한정을 하는 운용 부류. (2, 6, 15)

21. **도출 사항** dérivés, derivater, derivates: 하나의 동일 연역법 내에 있는 한 부류의 부문이나 부문의 부문. (2, 3, 19)

22. **포함하다** comprendre, indbefatte, include: 한 부류는 그 도출 사항들을 포함한다고 말한다. (2, 21)

23. **개입하다** Entrer dans, indgå i, Enter into: 도출 사항은 그들의 부류에 개입한다고 말한다. (2, 21)

24. **등위** degré, drad, degree: 도출 사항이 가장 낮은 공동의 부류에 의존하는 부류들의 표적. (이 수가 0이면 도출 사항은 첫째 등위이고, 수가 1이면 도출 사항은 둘째 등위라고 말한다.) (2, 21)

25. **귀납법** induction, induktion, induction: 종합들 사이에 한정이 있는 지속적인 종합. (7, 15, 23)

26. **상관** corrélation, korrelation, correlation: '혹은 ……혹은' 기능. (8)

27. **관계** relation, relation, relation: '와 ……와' 기능. (8)

28. **체계** système, system, system: 상관의 위계. (4, 26)

29. **과정** processus, forløb, process: 관계의 위계. (4, 27)

30. **분절** articulation, leddeling, articulation: 한 체계의 분석. (1, 28)

31. **분할** division, deling, partition: 한 과정의 분석. (1, 29)

32. **보편성** universalité, universalitet, universality: 모든 대상에 대하여 운동이 시행될 수 있다면 결과를 갖는 운용을 보편적 운용이라 하며, 그 결과를 보편적 결과라 한다. (6)

33. **개별성** particularité, partikularitet, particularity: 모든 대상이 아닌 주어진 대상에 대하여 운용이 시행될 수 있다면, 결과를 갖는 운용을 개별적 운

용이라 하며, 그 결과를 개별적 결과라 한다. (6)

34. 실현화 réalisation, realisation, realization: 한 부류가 개별 분석의 대상으로 간주될 수 있다면, 그 부류는 실현되었다고 한다. (1, 2, 33)

35. 잠재성 virtualité, virtualitet, virtuality: 한 부류가 개별 분석의 대상으로 간주될 수 없다면, 그 부류는 잠재적이라고 한다. (1, 2, 33)

36. 보충성 complémentarité, komplementaritet, complementarity: 한 체계 내에서 사항들간의 내적 의존성. (14, 28)

37. 연대성 solidarité, solidaritet, solidarity: 한 과정 내에서 사항들간의 내적 의존성. (14, 29)

38. 특이화 spécification, specifikation, specification: 한 체계 내에서 사항들간의 한정. (15, 28)

39. 선별화 sélection, selektion, selection: 한 과정 내에서 사항들간의 한정. (15, 29)

40. 자율 autonomie, autonomi, autonomy: 한 체계 내에서의 점멸. (16, 28)

41. 결합 combinaison, kombination, combination: 한 과정 내에서의 점멸. (16, 29)

42. 정의 définition, definition, definition: 한 기호의 내용, 또는 한 기호의 표현의 분할. (31)

43. 열 rang, række, rank: 하나의 동일 과정, 또는 하나의 동일 체계에 속하는 같은 등위의 도출 사항은 열을 구성한다고 말한다. (21, 24, 28, 29)

44. 교체 mutation, mutation, mutation: 하나의 동일 부류의 첫째 등위의 도출 사항들 사이에 존재하는 기능으로, 이 기능은 같은 열에 속하며, 하나의 동일 부류의 첫째 등위의 다른 도출 사항과 함께 기능과 관련하여 한 관계를 갖는다. (2, 8, 21, 24, 27, 43)

45. 합 somme, sum, sum: 같은 열 내에서 하나 또는 여러 부류와 관련하여 한 기능을 갖는 부류. (2, 8, 43)

46. 배치 établissement, etablering, establishment: 합과 여기에 개입하는 기능간에 존재하는 관계. 기능은 합을 배치한다고 말하며, 합은 기능에 의해 배치된다고 말한다. (8, 23, 27, 45)

47. 적용 application, ikrafttræden, application: 기능소가 어떤 조건에서는 출현하고, 어떤 조건에서는 부재하기 때문에 기능소가 출현하는 조건에서 기능소의 적용이 있다고 말하며, 이 조건에서 기능소는 적용된다고 말한다. (9)

48. 정지 suspension, suspension, suspension: 기능소가 어떤 조건에서는 출

현하고 어떤 조건에서는 부재하기 때문에, 기능소가 부재하는 조건에서 기능소의 정지가 있다고 말하며 이 조건에서 기능소는 정지된다고 말한다. (9)

49. 중첩 superposition, overlapping, overlapping: 두 기능소간에 정지된 교체. (9, 44, 48)

50. 표출 manifestation, manifestation, manifestation: 위계간의 선별성, 그리고 다른 여러 위계의 도출 사항들간의 선별성. (4, 21, 39)

51. 형태 forme, form, form: 표출 내에서의 불변항. (12, 50)

52. 본질 substance, substans, substance: 표출 내에서의 가변항. (13, 50)

53. 기호론 sémiologie, semiologi, semiology: 어떤 부류들이라도 상호적 교체를 통해 정의된 도출 사항들로의 분석을 허용할 수 있도록 모든 부문이 상호적 관계를 통해 정의된 부류로의 후속 분석을 허용하는 위계. (1, 2, 3, 4, 21, 27, 44)

54. 계열체 paradigme, paradigme, paradigm: 기호 체계 내의 부류. (2, 28, 53)

55. 연쇄 chaîne, chaîne, chaîne: 기호 과정 내의 부류. (2, 28, 53)

56. 구성사 membre, led, member: 기호 과정 내의 부류. (2, 28, 53)

57. 부분 parties, del, part: 한 계열체의 부문. (3, 54)

58. 기호 도식 schéma sémiotique, semiotisk sprogbygning, semiotic schema: 기호론으로의 형태. (51, 53)

59. 대치 commutation, kommutation, commutation: 한 계열체의 구성사들간의 교체. (44, 54, 56)

60. 치환 permutation, permutation, permutation: 한 연쇄의 부분들간의 교체. (44, 55, 57)

61. 단어 mot, ord, word: 치환 가능한 최소 기호들. (60)

62. 대체 substitution, substitution, substitution: 한 계열체의 구성사들간의 교체 부재. (44, 54, 56)

63. 불변체 invariantes, invarianter, invariants: 상호적 대치를 갖는 상관소. (26, 59)

64. 변이체 variantes, varianter, variants: 상호적 대체를 갖는 상관소. (26, 62)

65. 어의소 glossèmes, glossemer, glossemes: 이론이 설명 기반으로 배치하려는 최소 형태, 분해될 수 없는 불변체. (63)

66. 기호 사용 usage sémiotique, usus, sémiotic usage: 기호 도식을 표출

하는 본질. (50, 52, 58)

67. **계열장** paradigmatique, paradigmatik, paradigmatic : 기호 체계. (28, 53)

68. **통합장** syntagmatique, syntagmatik, syntagmatic : 기호 과정. (29, 53)

69. **의미** sens, purport, mening : 하나 이상의 통합장 내부에서 하나 이상의 연쇄를, 그리고/또는 하나 이상의 계열장 내부에서 하나 이상의 계열체를 표출하는 가변항들의 부류. (2, 13, 50, 54, 55, 67, 68)

70. **변이소** variations, variationer, variants : 조합된 변이체. (41, 64)

71. **다양소** variétés, varieteter, varieties : 연대적인 변이체. (37, 64)

72. **개체** individu, individ, individual : 다음에 변이소로 분절될 수 없는 변이소. (30, 70)

73. **고정된 다양소** localisé (variétés), lokaliseret, localized (variety) : 다음에 다양소로 분절될 수 없는 다양소. (30, 71)

74. **단위** unité, enhed, unit : 통합적 합. (45, 68)

75. **범주** catégorie, kategori, category : 같은 열의 내에서 하나 또는 여러 다른 계열체와 간련하여 상관성을 갖는 계열체. (26, 43, 54)

76. **기능적 범주** catégorie fonctionnelle, funktionskategori, functional category : 분석 기반으로 취해진 기능과 함께 하나의 분석에 수록된 기능소들의 범주. (1, 8, 9, 75)

77. **기능소들의 범주** catégorie de fonctifs, funktivkategori, functival category : 기능소들의 가능성에 따라 기능적 범주의 분절에 의해 수록되는 범주. (1, 8, 9, 75)

78. **융해** syncrétisme, synkretisme, syncretism : 중첩에 의해 배치된 범주. (46, 49, 75)

79. **지배성** dominance, dominans, dominance : 한 변이체와 한 중첩간의 연대성. (37, 49, 64)

80. **의무적 지배성** obligatoire (dominance), obligatorisk, obligatory (dominance) : 융합과 관련하여 지배사가 다양소인 지배성. (71, 78, 79)

81. **선택적 지배성** à option (dominance), valgfri, optional (dominance) : 융합과 관련하여 지배사가 다양소인 지배성. (70, 78, 79)

82. **선택성** facultativité, fakultativitet, facultativity : 지배성이 선택적인 제로를 가진 중첩. (49, 79, 81)

83. **융해** fusion, sammenfald, fusion : 본질의 위계적인 관점에서 융합에 개입하는 모든 기능소의 표출, 또는 어떤 기능소의 표출과 동일한 융합의

표출. (4, 9, 23, 50, 52, 78)

84. **반립** implication, implikation, implication: 본질의 위계적인 관점에서 융합에 개입하는 하나 또는 여러 기능소의 표출과 동일한 융합의 표출. (4, 9, 23, 50, 52, 78)

85. **분해** résolution, opløning, resolution: 융합을 분해한다는 것은 융합을 배치하는 중첩을 담당하지 않는 융합의 다양소를 도입한다는 것을 말한다. (10, 46, 49, 71, 78)

86. **개념** concept, begreb, concept: 대상들 사이의 융합. (78)

87. **내면성** latence, latens, latency: 지배성이 의무적인 제로를 가진 중첩. (49, 79, 80)

88. **촉매** catalyse, katalyse, catalysis: 어떤 규격이 다른 규격으로 대신하는 과정에서의 응집서의 수록을 말하며, 이 다른 규격과 관련하여 어떤 규격은 대체를 갖는다. (11, 17, 62)

89. **랑그** langue, sprog, language: 계열체들이 모든 의미를 통해 표출되는 계열장. (50, 54, 67, 69)

90. **텍스트** texte, text, text: 연쇄들이 무한 확대된다면, 이 연쇄들이 모든 의미를 통해 표출되는 통합장. (50, 55, 68, 69)

91. **언어 도식** schéma linguistique, sprogbygning, linguistic schema: 한 랑그로서의 형태. (51, 89)

92. **언어 사용** usage linguistique, sprogbrug, lingustic usage: 언어 도식을 표출하는 본질. (50, 52, 91)

93. **요소** élément, element, element: 기능적 범주의 구성사. (56, 77)

94. **문법 특정소** taxèmes, taxem, taxeme: 마지막으로 분석 기반으로 선별성을 사용하는 분석 단계에서 얻어진 잠재적 요소. (1, 35, 39, 93)

95. **연계소** connectif, konnektiv, connective: 몇몇 조건에서 주어진 등위의 복합 단위들과 연대적인 기능소. (9, 24, 37, 74)

96. **일치성** conformité, konformitet, conformity: 기능소들 중 한 기능소로부터 나온 모든 개별적 도출항이 예외없이 또 다른 기능소의 개별 도출 사항 같은 기능을 담당한다면 두 기능소는 일치한다고 말하며, 그 역도 성립된다. (8, 9, 10, 21, 33)

97. **상징 체계** systèmes de symboles, symbolesystemer, symbolic system: 내용 의미를 연관시킬 수 있는 구조들을 가리키는데, 그 구조 안에서 간결성 원칙이 내용 형태를 촉매를 통해 도입하는 것을 허용치 않는다. (51, 69, 88)

98. **외연적 기호론** sémiotique dénotatives, denotationssemiotik, denotative semiotic: 측면 중 어느것도 기호론이 아닌 기호론. (53)

99. **지시사** indicateurs, indikatorer, indicators: 부분들이 축소될 때 기능이 상호적 대체를 하는 식으로 기능소들이 개입하는 부분들. (9, 23, 57, 62)

100. **신호** signal, signal, signal: 기호론과 구별되는 한 측면에 대해 항상 일의적으로 정열할 수 있는 지시소. (53, 99)

101. **내포소** connotateur, konnotateur, connotator: 몇몇 조건에서 기호론의 두 측면에서 찾아볼 수 있는 지시소. (53, 99)

102. **과학적 기호론** sémiotique scientifique, videnskabssemiotik, scientific semiotic: 운용으로서의 기호론. (6, 53)

103. **내포적 기호론** sémiotique connotatives, konnotationssemiotik, connotatives semiotic: 하나(또는 여러) 기호론인 비과학적 기호론. (53, 102)

104. **메타 기호론** métasémiotiques, metasemiotik, metasemiotic: 하나(또는 여러) 기호론인 과학적 기호론. (53, 102)

105. **대상-기호론** sémiotique-objet, objektssemiotik, object semiotic: 기호론 내에 측면으로 들어가는 기호론. (53)

106. **과학적 메타 기호론** méta-(sémiotique scientifique), metavidenskabs-semiotik, meta-(scientific semiotic): 대상-기호론으로 과학적 기호론을 갖는 메타 기호론. (102, 104, 105)

107. **기호학** sémiologie, semiologi, semiology: 대상-기호론으로 비과학적 기호론을 갖는 메타 기호론. (102, 104, 105)

108. **메타 기호학** métasémiologie, metasemiologi, metasemiology: 그 대상-기호론이 기호학인 메타-(과학적 기호론). (105, 106, 107)

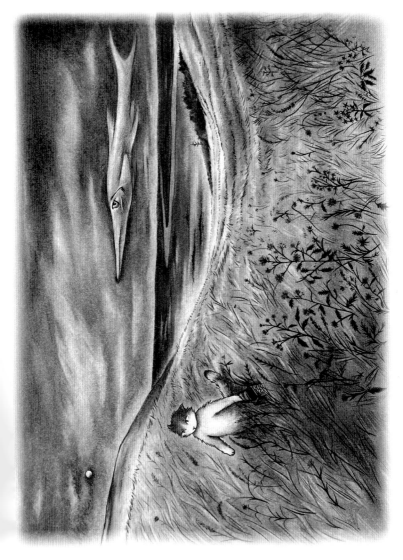

색 인

가변항 variable　51

개체 individu　104,148,150

결합 combinaision　38

경제 원칙 principe d'économie　80

계열체 paradigmes　41

고정된 localisé　103

공리 axiomes　24

공준 postulat　24,140

과정 procéssus　44

과학적 기호론 sémiotique
scientifique　145

관계 relation　55

교체 mutation　93

구성사 membre　44

규격 grandeur　49

기능소 fonctif　49

기호 기능 fonction sémiotique　65

기호론 sémiotique　139,145

기호학 sémiologie　146

내면성 latence　115

내부 구성 요소 disiecta membra　12

내용적 표현 inhaltliche
Redeweise　135

내포소 connotateur　141

내포적 기호론 sémiotiques
connotatives　139

다방 multilatérales　52

다양소 variétés　102

단위 unité　106

대체 substitution　93

대치 commutation　92

도출 사항 dérivés　47

도출 시험 épreuve de dérivé　136

동질인 것 homogénéité　43

메타 기호론 métasémiotiques　139

메타 기호학 métasémiologie　139

문법 특정소 taxèmes　123

문헌학 philologie　11

반립 implication　112

배치 établissement　106

범주 catégorie　106

변음 variphone　83

변이소 variations　102

보충 기능소 complémentaires　52

보충성 complémentarité　38

부류 classe　20

부문 composantes　20

부분 parties　44

분절 articulation　44

분할 division　44

불변항 constante　51

비과학적 기호론 sémiotique
non-scientifique　145

상관 corrélation　55

상징 체계 système de symboles 138

상호 기능소 interdépandant 52

상호 의존성 interdépendances 38

선택성 facultativité 116

선험성 immanence 154

속어 argot 141

신호 signal 92

쌍무성 réciprocité 51

쌍무적 기능소 réciproques 52

쌍수 duel 72

양방 bilatérale 52

어의론 glossématique 100

어의소 glossèmes 100

언어 도식 schéma linguistique 101

언어 사용 usage linguistique 101

연계소 connectif 91

연대 기능소 solidaires 52

연대성 solidarité 51

연쇄 chaîne 44

열 rang 93

외연적 기호론 sémiotiques dénotatives 139

위계 hiérarchie 44

융합 syncrétisme 110

융해 fusion 112

은어 jargon 141

음도 측정 phonométrique 105

응집성 cohésion 51

응집적 기능소 cohésitifs 52

의미 작용 signification 50

이상적 idéale 114

인간성과 보편성 humanitas et universitas 154

자생적 sui generis 12

자율성 autonomies 38

전동사 préverbe 39

전제 présupposition 50

전환 가능성 traductibilité 133,142

점멸 constellations 38

점멸 기능소 constellaires 52

정리 théorème 24

정의 définition 91

정지 suspension 110

중첩 superposition 110

중화 neutralisation 110

지배성 dominance 111

지시소 indicateur 143

체계 système 44

촉매 catalyse 117

추이적 transitive 103,104

축소 원칙 principe de réduction 80

치환 permutation 93

특이화 spécification 38

판단 jugement 10,31

표출 manifestation 101

하나로의 부류 classe as one 148

한정 détermination 38

합 somme 106

현동화된 actualisé 114

형상소 figures 63

형식적 표현 formale Redeweise 135

저자 약력

1899년 코펜하겐에서 태어난 루이 옐름슬레우는 코펜하겐대학에서 비교문헌학을 시작하였고, 리투아니아(1921) ·프라하(1923-24)에 이어 파리(1926-27)에서 학업을 계속하였다.

1928년에 출판된 《일반 문법 원칙》은 소쉬르 ·사피어와 러시아 형식주의자들의 영향을 받은 이론이다.

그는 1931년에 코펜하겐 언어학파를 설립하고 회장이 된다. 그리고 1939년 Viggo Brøndal과 함께 *Acta Linguistica*를 창간하고 편집장이 된다.

1932년에 발표한 논문 *Etudes baltiques*는 발트어들의 역사적 어원론을 다루고 있다.

1935년부터 그는 H. J. 울달과의 공동 연구로 어의론 정립에 심혈을 기울이기 시작하였다. 그 결실이 *Omkring sprogteoriens grundlaaggelse*(1943년, 프랑스어로는 *Prolégomènes à une théorie du langage*라는 제목으로 번역됨), *Sproget*(같은 시기에 집필되어 1963년에 출간, *Le Langage*라는 제목으로 프랑스어로 번역됨), 1959년에 출판된 논문 모음집인 *Essais linguistiques*이다.

1937년 이후 코펜하겐대학의 비교언어학 강좌의 정교수였던 루이 옐름슬레우는 1965년에 타계하였다.

본 번역서는 1968-1971년까지, Les Editions de Minuit의 프랑스어 번역판 *Prolégomènes à une théorie du Langage*에 의거하였다.

김용숙
이화여자대학교 불어불문학과 졸업
파리3대학 언어학 박사
현재 이화여자대학교 불어불문학과 교수

김혜련
이화여자대학교 불어불문학과, 동대학원 졸업
파리4대학 언어학 박사
현재 이화여자대학교 언어교육원 강사

현대신서
77

랑가쥬 이론 서설

초판발행: 2000년 12월 20일

지은이: 루이 옐름슬레우
옮긴곳: 이화여자대학교 기호학연구소
옮긴이: 김용숙 · 김혜련
펴낸이: 辛成大
펴낸곳: 東文選
제10-64호, 78. 12. 16 등록
110-300 서울 종로구 관훈동 74
전화: 737-2795
팩스: 723-4518

편집설계: 韓仁淑

ISBN 89-8038-175-1 94700
ISBN 89-8038-050-X (세트)

【東文選 現代新書】

1 21세기를 위한 새로운 엘리트	FORESEEN 연구소 / 김경현	7,000원
2 의지, 의무, 자유 — 주제별 논술	L. 밀러 / 이대회	6,000원
3 사유의 패배	A. 핑켈크로트 / 주태환	7,000원
4 문학이론	J. 컬러 / 이은경 · 임옥희	7,000원
5 불교란 무엇인가	D. 키언 / 고길환	6,000원
6 유대교란 무엇인가	N. 솔로몬 / 최창모	6,000원
7 20세기 프랑스철학	E. 매슈스 / 김종갑	8,000원
8 강의에 대한 강의	P. 부르디외 / 현택수	6,000원
9 텔레비전에 대하여	P. 부르디외 / 현택수	7,000원
10 고고학이란 무엇인가	P. 반 / 박범수	근간
11 우리는 무엇을 아는가	T. 나겔 / 오영미	5,000원
12 에쁘롱 — 니체의 문체들	J. 데리다 / 김다은	7,000원
13 히스테리 사례분석	S. 프로이트 / 태혜숙	7,000원
14 사랑의 지혜	A. 핑켈크로트 / 권유현	6,000원
15 일반미학	R. 카이유와 / 이경자	6,000원
16 본다는 것의 의미	J. 버거 / 박범수	10,000원
17 일본영화사	M. 테시에 / 최은미	7,000원
18 청소년을 위한 철학교실	A. 자카르 / 장혜영	7,000원
19 미술사학 입문	M. 포인턴 / 박범수	8,000원
20 클래식	M. 비어드 · J. 헨더슨 / 박범수	6,000원
21 정치란 무엇인가	K. 미노그 / 이정철	6,000원
22 이미지의 폭력	O. 몽젱 / 이은민	8,000원
23 청소년을 위한 경제학교실	J. C. 드루엥 / 조은미	6,000원
24 순진함의 유혹	P. 브뤼크네르 / 김웅권	9,000원
25 청소년을 위한 이야기 경제학	A. 푸르상 / 이은민	근간
26 부르디외 사회학 입문	P. 보네위츠 / 문경자	7,000원
27 돈은 하늘에서 떨어지지 않는다	K. 아른트 / 유영미	6,000원
28 상상력의 세계사	R. 보이아 / 김웅권	9,000원
29 지식을 교환하는 새로운 기술	A. 벵토릴라 外 / 김혜경	6,000원
30 니체 읽기	R. 비어즈워스 / 김웅권	6,000원
31 노동, 교환, 기술 — 주제별 논술	B. 데코사 / 신은영	6,000원
32 미국만들기	R. 로티 / 임옥희	근간
33 연극의 이해	A. 쿠프리 / 장혜영	8,000원
34 라틴문학의 이해	J. 가야르 / 김교신	8,000원
35 여성적 가치의 선택	FORESEEN연구소 / 문신원	7,000원
36 동양과 서양 사이	L. 이리가라이 / 이은민	7,000원
37 영화와 문학	R. 리처드슨 / 이형식	8,000원
38 분류하기의 유혹 — 생각하기와 조직하기	G. 비뇨 / 임기대	7,000원
39 사실주의 문학의 이해	G. 라루 / 조성애	8,000원
40 윤리학 — 악에 대한 의식에 관하여	A. 바디우 / 이종영	근간
41 武士道란 무엇인가	新渡戶稻造 / 심우성	근간

42 진보의 미래	D. 르쿠르 / 김영선	근간
43 중세에 살기	J. 르 고프 外 / 최애리	8,000원
44 쾌락의 횡포 · 상	J. C. 기유보 / 김웅권	근간
45 쾌락의 횡포 · 하	J. C. 기유보 / 김웅권	근간
46 운디네와 지식의 불	B. 데스파냐 / 김웅권	근간
47 이성의 한가운데에서 — 이성과 신앙	A. 퀴노 / 최은영	6,000원
48 도덕적 명령	FORESEEN 연구소 / 우강택	근간
49 망각의 형태	M. 오제 / 김수경	근간
50 느리게 산다는 것의 의미	P. 쌍소 / 김주경	7,000원
51 나만의 자유를 찾아서	C. 토마스 / 문신원	6,000원
52 음악적 삶의 의미	M. 존스 / 송인영	근간
53 나의 철학 유언	J. 기통 / 권유현	8,000원
54 타르튀프 / 서민귀족	몰리에르 / 덕성여대극예술비교연구회	8,000원
55 판타지 산업	A. 플라워즈 / 박범수	근간
56 이탈리아 영화사	L. 스키파노 / 이주현	근간
57 홍 수	J. M. G. 르 클레지오 / 신미경	근간
58 일신교 — 성경과 철학자들	E. 오르티그 / 전광호	6,000원
59 프랑스 시의 이해	A. 바이양 / 김다은 · 이혜지	8,000원
60 종교철학	J. P. 힉 / 김희수	10,000원
61 고요함의 폭력	V. 포레스테 / 박은영	근간
62 소녀, 선생님 그리고 신	E. 노르트호펜 / 안상원	근간
63 미학개론 — 예술철학입문	A. 셰퍼드 / 유호전	근간
64 논증 — 담화에서 사고까지	G. 비뇨 / 임기대	근간
65 역사 — 성찰된 시간	F. 도스 / 김미겸	근간
66 비교문학개요	F. 클로동 · K. 아다보트링 / 김정란	근간
67 남성지배	P. 부르디외 / 김용숙 · 주경미	9,000원
68 호모사피언스에서 인터렉티브인간으로	FORESEEN 연구소 / 공나리	근간
69 상투어 — 언어 · 담론 · 사회	R. 아모시 · A. H. 피에로 / 조성애	근간
70 촛불의 미학	G. 바슐라르 / 이가림	근간
71 푸코 읽기	P. 빌루에 / 나길래	근간
72 문학논술	J. 파프 · D. 로쉬 / 권종분	8,000원
73 민속문화란 무엇인가	沈雨晟	근간
74 시학 — 문학형식일반론입문	D. 퐁텐느 / 이용주	근간
75 자유의 순간	P. M. 코헨 / 최하영	근간
76 동물성 — 인간의 위상에 관하여	D. 르스텔 / 김승철	근간
77 랑가쥬 이론 서설	L. 옐름슬레우 / 김용숙 · 김혜련	10,000원
78 잔혹성의 미학	F. 토넬리 / 박형섭	근간

【東文選 文藝新書】

1 저주받은 詩人들	A. 뻬이르 / 최수철 · 김종호	개정근간
2 민속문화론서설	沈雨晟	40,000원
3 인형극의 기술	A. 훼도토프 / 沈雨晟	8,000원

4 전위연극론	J. 로스 에반스 / 沈雨晟	12,000원
5 남사당패연구	沈雨晟	10,000원
6 현대영미희곡선(전4권)	N. 코워드 外 / 李辰洙	절판
7 행위예술	L. 골드버그 / 沈雨晟	절판
8 문예미학	蔡 儀 / 姜慶鎬	절판
9 神의 起源	何 新 / 洪 熹	16,000원
10 중국예술정신	徐復觀 / 權德周	24,000원
11 中國古代書史	錢存訓 / 金允子	14,000원
12 이미지 — 시각과 미디어	J. 버거 / 편집부	14,000원
13 연극의 역사	P. 하트놀 / 沈雨晟	절판
14 詩 論	朱光潛 / 鄭相泓	9,000원
15 탄트라	A. 무케르지 / 金龜山	10,000원
16 조선민족무용기본	최승희	15,000원
17 몽고문화사	D. 마이달 / 金龜山	8,000원
18 신화 미술 제사	張光直 / 李 徹	10,000원
19 아시아 무용의 인류학	宮尾慈良 / 沈雨晟	절판
20 아시아 민족음악순례	藤井知昭 / 沈雨晟	5,000원
21 華夏美學	李澤厚 / 權 瑚	15,000원
22 道	張立文 / 權 瑚	18,000원
23 朝鮮의 占卜과 豫言	村山智順 / 金禧慶	15,000원
24 원시미술	L. 아담 / 金仁煥	16,000원
25 朝鮮民俗誌	秋葉隆 / 沈雨晟	12,000원
26 神話의 이미지	J. 캠벨 / 扈承喜	근간
27 原始佛敎	中村元 / 鄭泰爀	8,000원
28 朝鮮女俗考	李能和 / 金尙憶	12,000원
29 朝鮮解語花史(조선기생사)	李能和 / 李在崑	25,000원
30 조선창극사	鄭魯湜	7,000원
31 동양회화미학	崔炳植	9,000원
32 性과 결혼의 민족학	和田正平 / 沈雨晟	9,000원
33 農漁俗談辭典	宋在璇	12,000원
34 朝鮮의 鬼神	村山智順 / 金禧慶	12,000원
35 道敎와 中國文化	葛兆光 / 沈揆昊	15,000원
36 禪宗과 中國文化	葛兆光 / 鄭相泓 · 任炳權	8,000원
37 오페라의 역사	L. 오레이 / 류연희	절판
38 인도종교미술	A. 무케르지 / 崔炳植	14,000원
39 힌두교의 그림언어	안넬리제 外 / 全在星	9,000원
40 중국고대사회	許進雄 / 洪 熹	22,000원
41 중국문화개론	李宗桂 / 李宰碩	15,000원
42 龍鳳文化源流	王大有 / 林東錫	17,000원
43 甲骨學通論	王宇信 / 李宰錫	근간
44 朝鮮巫俗考	李能和 / 李在崑	12,000원
45 미술과 페미니즘	N. 부루드 外 / 扈承喜	9,000원

46	아프리카미술	P. 윌레뜨 / 崔炳植	절판
47	美의 歷程	李澤厚 / 尹壽榮	22,000원
48	曼茶羅의 神들	立川武藏 / 金龜山	절판
49	朝鮮歲時記	洪錫謨 外/李錫浩	30,000원
50	하 상	蘇曉康 外 / 洪 熹	절판
51	武藝圖譜通志 實技解題	正 祖 / 沈雨晟·金光錫	15,000원
52	古文字學첫걸음	李學勤 / 河永三	9,000원
53	體育美學	胡小明 / 閔永淑	10,000원
54	아시아 美術의 再發見	崔炳植	9,000원
55	曆과 占의 科學	永田久 / 沈雨晟	8,000원
56	中國小學史	胡奇光 / 李宰碩	20,000원
57	中國甲骨學史	吳浩坤 外 / 梁東淑	근간
58	꿈의 철학	劉文英 / 河永三	22,000원
59	女神들의 인도	立川武藏 / 金龜山	13,000원
60	性의 역사	J. L. 플랑드렝 / 편집부	18,000원
61	쉬르섹슈얼리티	W. 챠드윅 / 편집부	10,000원
62	여성속담사전	宋在璇	18,000원
63	박재서희곡선	朴栽緒	10,000원
64	東北民族源流	孫進己 / 林東錫	13,000원
65	朝鮮巫俗의 研究(상·하)	赤松智城·秋葉隆 / 沈雨晟	28,000원
66	中國文學 속의 孤獨感	斯波六郎 / 尹壽榮	8,000원
67	한국사회주의 연극운동사	李康列	8,000원
68	스포츠인류학	K. 블랑챠드 外 / 박기동 外	12,000원
69	리조복식도감	리팔찬	절판
70	娼 婦	A. 꼬르뱅 / 李宗旼	20,000원
71	조선민요연구	高晶玉	30,000원
72	楚文化史	張正明	근간
73	시간 욕망 공포	A. 꼬르뱅	근간
74	本國劍	金光錫	40,000원
75	노트와 반노트	E. 이오네스코 / 박형섭	절판
76	朝鮮美術史研究	尹喜淳	7,000원
77	拳法要訣	金光錫	10,000원
78	艸衣選集	艸衣意恂 / 林鍾旭	14,000원
79	漢語音韻學講義	董少文 / 林東錫	10,000원
80	이오네스코 연극미학	C. 위베르 / 박형섭	9,000원
81	중국문자훈고학사전	全廣鎭 편역	15,000원
82	상말속담사전	宋在璇	10,000원
83	書法論叢	沈尹默 / 郭魯鳳	8,000원
84	침실의 문화사	P. 디비 / 편집부	9,000원
85	禮의 精神	柳 肅 / 洪 熹	10,000원
86	조선공예개관	日本民芸協會 편 / 沈雨晟	30,000원
87	性愛의 社會史	J. 솔레 / 李宗旼	12,000원

88	러시아미술사	A. I. 조토프 / 이건수	16,000원
89	中國書藝論文選	郭魯鳳 選譯	25,000원
90	朝鮮美術史	關野貞	근간
91	美術版 탄트라	P. 로슨 / 편집부	8,000원
92	군달리니	A. 무케르지 / 편집부	9,000원
93	카마수트라	바짜야나 / 鄭泰爀	10,000원
94	중국언어학총론	J. 노먼 / 全廣鎭	18,000원
95	運氣學說	任應秋 / 李宰碩	8,000원
96	동물속담사전	宋在璇	20,000원
97	자본주의의 아비투스	P. 부르디외 / 최종철	6,000원
98	宗敎學入門	F. 막스 뮐러 / 金龜山	10,000원
99	변 화	P. 바츨라빅크 外 / 박인철	10,000원
100	우리나라 민속놀이	沈雨晟	15,000원
101	歌訣(중국역대명언경구집)	李宰碩 편역	20,000원
102	아니마와 아니무스	A. 융 / 박해순	8,000원
103	나, 너, 우리	L. 이리가라이 / 박정오	10,000원
104	베케트연극론	M. 푸크레 / 박형섭	8,000원
105	포르노그래피	A. 드워킨 / 유혜련	12,000원
106	셸 링	M. 하이데거 / 최상욱	12,000원
107	프랑수아 비용	宋 勉	18,000원
108	중국서예 80제	郭魯鳳 편역	16,000원
109	性과 미디어	W. B. 키 / 박해순	12,000원
110	中國正史朝鮮列國傳(전2권)	金聲九 편역	120,000원
111	질병의 기원	T. 매큐언 / 서 일 · 박종연	12,000원
112	과학과 젠더	E. F. 켈러 / 민경숙 · 이현주	10,000원
113	물질문명 · 경제 · 자본주의	F. 브로델 / 이문숙 外	절판
114	이탈리아인 태고의 지혜	G. 비코 / 李源斗	8,000원
115	中國武俠史	陳 山 / 姜鳳求	18,000원
116	공포의 권력	J. 크리스테바 / 서민원	근간
117	주색잡기속담사전	宋在璇	15,000원
118	죽음 앞에 선 인간(상 · 하)	P. 아리에스 / 劉仙子	각권 8,000원
119	철학에 관하여	L. 알튀세르 / 서관모 · 백승욱	10,000원
120	다른 곳	J. 데리다 / 김다은 · 이혜지	8,000원
121	문학비평방법론	D. 베르제 外 / 민혜숙	12,000원
122	자기의 테크놀로지	M. 푸코 / 이희원	12,000원
123	새로운 학문	G. 비코 / 李源斗	22,000원
124	천재와 광기	P. 브르노 / 김웅권	13,000원
125	중국은사문화	馬 華 · 陳正宏 / 강경범 · 천현경	12,000원
126	푸코와 페미니즘	C. 라마자노글루 外 / 최 영 外	16,000원
127	역사주의	P. 해밀턴 / 임옥희	12,000원
128	中國書藝美學	宋 民 / 郭魯鳳	16,000원
129	죽음의 역사	P. 아리에스 / 이종민	13,000원

130 돈속담사전	宋在璇 편	15,000원
131 동양극장과 연극인들	김영무	15,000원
132 生育神과 性巫術	宋兆麟 / 洪 熹	20,000원
133 미학의 핵심	M. M. 이턴 / 유호전	14,000원
134 전사와 농민	J. 뒤비 / 최생열	18,000원
135 여성의 상태	N. 에니크 / 서민원	22,000원
136 중세의 지식인들	J. 르 고프 / 최애리	18,000원
137 구조주의의 역사(전4권)	F. 도스 / 이봉지 外	각권 13,000원
138 글쓰기의 문제해결전략	L. 플라워 / 원진숙 · 황정현	20,000원
139 음식속담사전	宋在璇 편	16,000원
140 고전수필개론	權 瑚	16,000원
141 예술의 규칙	P. 부르디외 / 하태환	23,000원
142 사회를 보호해야 한다	M. 푸코 / 박정자	16,000원
143 페미니즘사전	L. 터틀 / 호승희 · 유혜련	26,000원
144 여성심벌사전	B. G. 워커 / 정소영	근간
145 모데르니테 모데르니테	H. 메쇼닉 / 김다은	20,000원
146 눈물의 역사	A. 벵상뷔포 / 김자경	18,000원
147 모더니티입문	H. 르페브르 / 이종민	24,000원
148 재생산	P. 부르디외 / 이상호	18,000원
149 종교철학의 핵심	W. J. 웨인라이트 / 김희수	18,000원
150 기호와 몽상	A. 시몽 / 박형섭	22,000원
151 융분석비평사전	A. 새뮤얼 外 / 민혜숙	16,000원
152 운보 김기창 예술론연구	최병식	14,000원
153 시적 언어의 혁명	J. 크리스테바 / 김인환	20,000원
154 예술의 위기	Y. 미쇼 / 하태환	15,000원
155 프랑스사회사	G. 뒤프 / 박 단	16,000원
156 중국문예심리학사	劉偉林 / 沈揆昊	30,000원
157 무지카 프라티카	M. 캐넌 / 김혜중	근간
158 불교산책	鄭泰爀	20,000원
159 인간과 죽음	E. 모랭 / 김명숙	23,000원
160 地中海(전5권)	F. 브로델 / 李宗旼	근간
161 漢語文字學史	黃德實 · 陳秉新 / 河永三	24,000원
162 글쓰기와 차이	J. 데리다 / 남수인	000원
163 朝鮮神事誌	李能和 / 李在崑	근간
164 영국제국주의	S. C. 스미스 / 이태숙 · 김종원	근간
165 영화서술학	A. 고드르 · F. 조스트 / 송지연	근간
166 미학사전	사사키 겐이치 / 민주식	근간
167 하나이지 않은 성	L. 이리가라이 / 이은민	18,000원
168 中國歷代書論	郭魯鳳 譯註	25,000원
169 요가수트라	鄭泰爀	15,000원
170 비정상인들	M. 푸코 / 박정자	근간
171 미친 진실	J. 크리스테바 / 서민원	근간

172 디스탱숑(상·하)	P. 부르디외 / 이종민	근간
173 세계의 비참(전3권)	P. 부르디외 外 / 김주경	각권 26,000원
174 수묵의 사상과 역사	崔炳植	근간
175 파스칼적 명상	P. 부르디외 / 김웅권	근간
176 지방의 계몽주의(전2권)	D. 로슈 / 주명철	근간
177 조선민족무용기본·2	최승희	근간

【롤랑 바르트 전집】

▨ 현대의 신화	이화여대기호학연구소 옮김	15,000원
▨ 모드의 체계	이화여대기호학연구소 옮김	18,000원
▨ 텍스트의 즐거움	김희영 옮김	15,000원
▨ 라신에 관하여	남수인 옮김	10,000원

【漢典大系】

▨ 說 苑 (上·下)	林東錫 譯註	각권 30,000원
▨ 晏子春秋	林東錫 譯註	30,000원
▨ 西京雜記	林東錫 譯註	20,000원
▨ 搜神記 (上·下)	林東錫 譯註	각권 30,000원

【기 타】

■ 경제적 공포	V. 포레스테 / 김주경	7,000원
■ 古陶文字徵	高 明·葛英會	20,000원
■ 古文字類編	高 明	24,000원
■ 金文編	容 庚	36,000원
■ 노력을 대신하는 것은 없다	R. 쉬이 / 유혜련	5,000원
■ 딸에게 들려 주는 작은 지혜	N. 레흐레이트너 / 양영란	6,500원
■ 딸에게 들려 주는 작은 철학	R. 시몬 셰퍼 / 안상원	7,000원
■ 미래를 원한다	J. D. 로스네 / 문 선·김덕희	8,500원
■ 사랑의 존재	한용운 시집	3,000원
·■ 산이 높으면 마땅히 우러러볼 일이다 유 향 / 임동석		5,000원
■ 서기 1000년과 서기 2000년 그 두려움의 흔적들	J. 뒤비 / 양영란	8,000원
■ 서비스는 유행을 타지 않는다	B. 바게트 / 정소영	5,000원
■ 선종이야기	홍 회 편저	8,000원
■ 섬으로 흐르는 역사	김영희	10,000원
■ 소림간가권	덕 건·홍 회	5,000원
■ 세계사상	창간호~3호: 각권 10,000원, 4호: 14,000원	
■ 십이속상도안집	편집부	8,000원
■ 어린이 수묵화의 첫걸음(전6권)	趙 陽	42,000원
■ 오늘 다 못다한 말은	이외수 편	6,000원
■ 오블라디 오블라다 인생은 브래지어 위를 흐른다	무라카미 하루키 / 김난주	7,000원

롤랑 바르트 전집 7

모드의 체계

롤랑 바르트
이화여자대학교 기호학 연구소 옮김

롤랑 바르트의 《모드의 체계》는 바르트의 기호학에서 가장 과학적이고 대표적인 저술로 꼽히는 책이다. 그것은 1967년 그 자신이 기호학을 하나의 학문으로 정립할 수 있다고 행복하게 생각하던 시절의 산물이기 때문에, 바르트 기호학에 관심이 있는 사람에게는 대단히 중요한 저술이다.

이 책은 패션 잡지에 묘사되어 있는 여성 의복의 구조를 분석하여 기호학적인 해석을 시도한 일종의 방법서이다. 또한 이 책은 바르트 자신이 소쉬르의 《일반언어학 강의》를 읽고, 거기에서 소쉬르가 '기호학'이라는 이름 아래 가정했던 일반기호과학으로부터 영감을 받아 1957년부터 1963년까지 쓴 책이다. 여기에서 행해진 분석은, '기호학의 요소들'에서 그가 설정했던 기호학의 개념들을 텍스트 분석에 적용하고자 한 점에서, 바르트의 기호학적 모험 가운데 핵심적인 작업에 속한다. 바르트는 여기에서 언어학적인 개념들을 사용하여 실제 의복체계가 아니라 글로 씌어진 의복체계를 분석함으로써, 의복이 하나의 의미체계를 구성하기에 충분한 기표들과 기의들을 제공해 주는 파롤을 필요로 한다는 것을 입증한다. 즉 파롤 밖에서는 완전한 모드도 없고, 본질적인 모드도 없다. 그는 이 연구를 통해 신화와 제식이 이성의 형태, 즉 파롤의 형태를 띠는 현재의 서구 사회에서 인간의 언어는 의미의 모델일 뿐만 아니라 의미의 기반임을 시사하고자 했다. 이는 언어학이 기호학의 일부라고 한 소쉬르의 명제에 대해서, 기호학이 언어학의 일부라는 새로운 명제를 낳게 만든다. 그리하여 모드에서 '갖고 싶게 만드는 것은 대상이 아니라 이름이며, 팔게 만드는 것은 꿈이 아니라 의미이다'라는 현대 사회의 속성을 드러나게 한다.